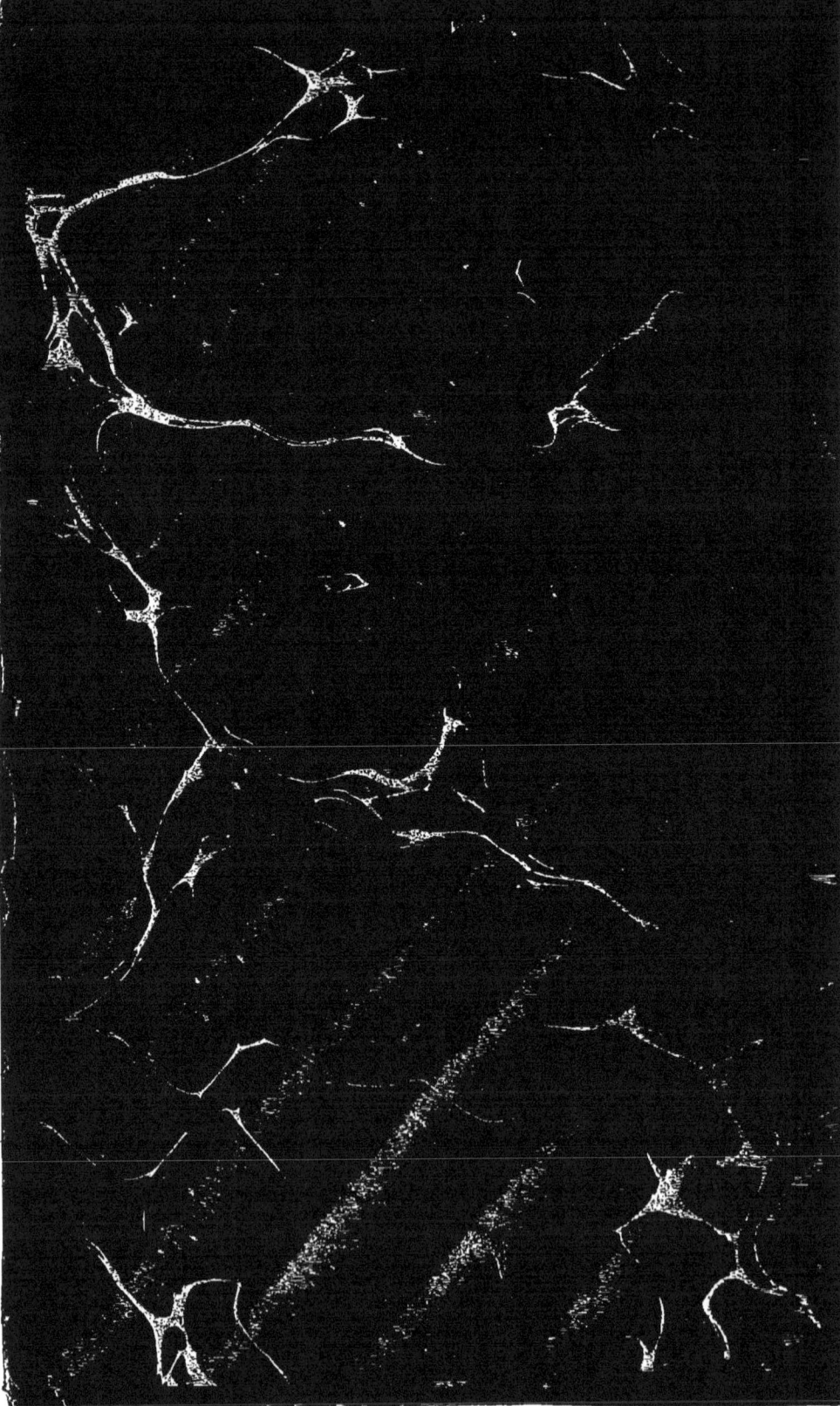

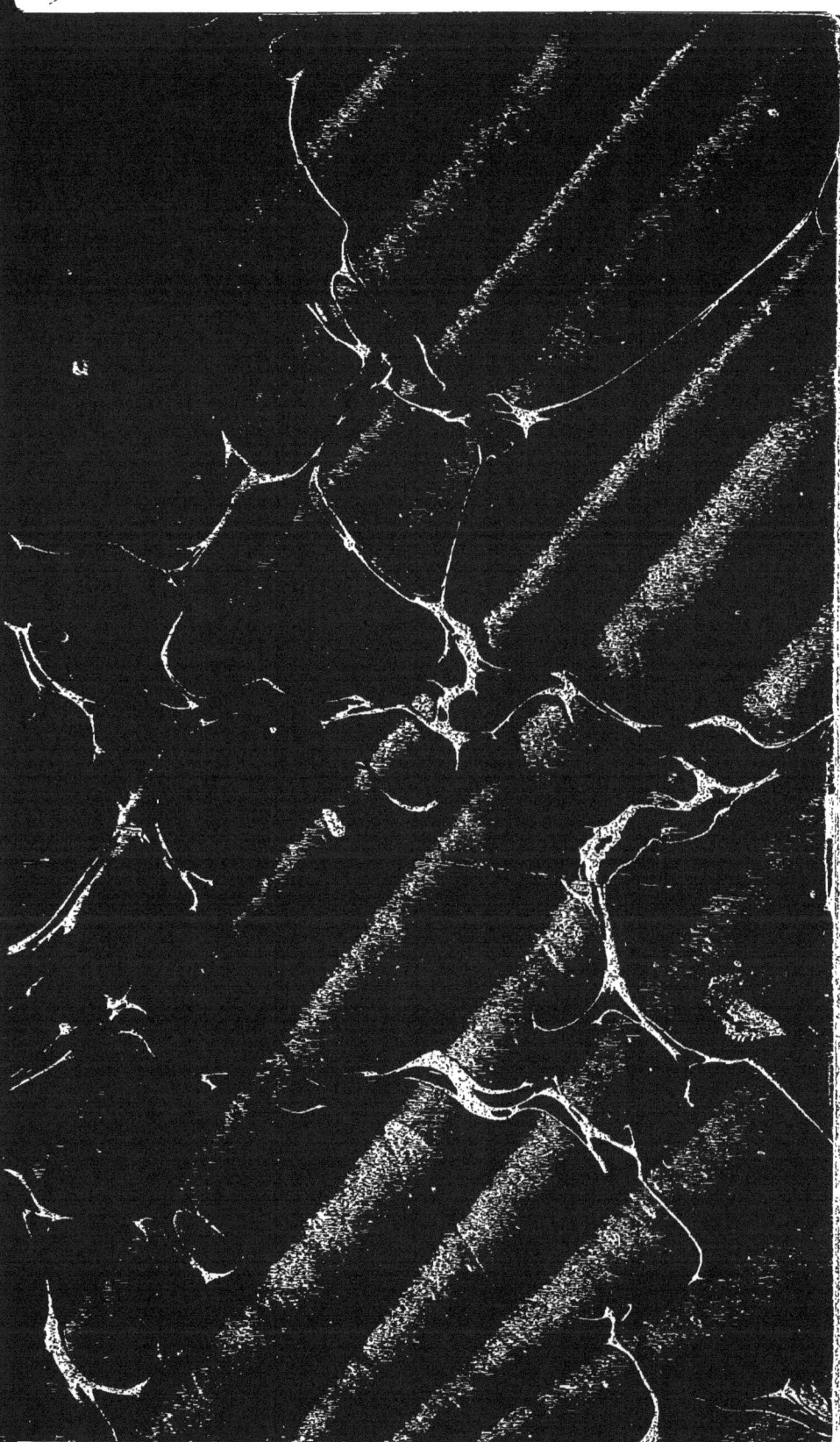

31685

PHILOSOPHIE

DE LA MUSIQUE

Paris —Imprimerie de E. MARTINET, rue Mignon, 2.

PHILOSOPHIE
DE LA MUSIQUE

PAR

CHARLES BEAUQUIER

PARIS

GERMER BAILLIÈRE, LIBRAIRE-ÉDITEUR

Rue de l'École-de-Médecine, 17.

Londres	**New-York**
Hipp. Baillière, 219, Regent street.	Baillière brothers, 440, Broadway.

MADRID, C. BAILLY-BAILLIÈRE, PLAZA DEL PRINCIPE ALFONSO, 16.

1865

Tous droits réservés.

INTRODUCTION

Ce livre n'est pas un traité de théorie musicale, dans lequel il soit parlé du comma, du tétracorde et où se trouvent des équations algébriques sur la génération des accords; ce n'est pas un livre d'acoustique où l'on étudie le nombre et les formes des vibrations, les résonnances, les interférences, les rapports du son avec l'organisation physiologique de l'oreille ; ce n'est pas non plus une de ces Esthétiques allemandes qui, à propos de musique, renferment un système complet sur la nature, sur l'homme et sur Dieu, et où l'*être* et le *devenir*, l'*objectif* et le *subjectif* se heurtent et se combattent dans la plus obscure mêlée. L'auteur de cet ouvrage n'est ni compositeur, ni physicien, ni philosophe enrégimenté dans une école, mais simplement un guerrillero de la philosophie : comme vous l'êtes vous-même, lecteur, ou comme vous pouvez le devenir si vous voulez seulement prendre la peine de réfléchir.

Cette profession de foi faite, nous indiquerons le but de ce livre en parlant de la façon dont l'idée nous en est venue.

Ne vous est-il jamais arrivé, au sortir de l'Opéra ou d'un concert, quand vous vous trouviez au milieu du courant tumultueux de la rue, de vous demander pourquoi tout à l'heure, dans la salle, vous étiez ravi, transporté par des sons, et pourquoi maintenant le bruit incohérent des passants, des voitures, des claquements de fouet, des crieurs, ne vous produit qu'un effet désagréable? C'est pourtant toujours le même phénomène dans l'un comme dans l'autre cas, et qui se résout en des vibrations de l'air.

D'où vient cette différence essentielle au point de vue du plaisir?

Si quelques pas plus loin vous entendez jouer par un orgue une chanson populaire ou un quadrille de barrière, pourquoi ces mélodies vous paraissent-elles triviales et grossières, et pourquoi, en les comparant aux mélodies de l'opéra que vous venez d'entendre, éprouvez-vous le même sentiment que si vous voyiez une image d'Épinal à côté d'une gravure signée Paul Pont ou Drevet? Pourtant vous n'avez plus seulement du bruit, des vibrations non ordonnées, vous avez là des sons musicaux, de l'ordre, de la proportion, une construction architectonique à laquelle a présidé une pensée; en un mot, vous reconnaissez une tentative de l'art. Et cependant, pour peu que vous ayez du goût, pour peu que vous soyez délicat, vous ne sauriez trop dire si cette production plate et banale ne vous est pas presque aussi désagréable que le simple bruit.

Ces réflexions tout ordinaires, chacun les aura faites sans nul doute, car il arrive au moins une fois dans la vie qu'on jette sur ce qui se passe autour de soi un regard plus scrutateur et qu'on se dise que la fréquence d'un fait et l'habitude de le voir ne sauraient tenir lieu de l'explication de ce fait.

— Eh bien, un jour, nous nous sommes posé les deux simples questions dont nous venons de parler, et nous n'avons su qu'y répondre. Mais heureusement, ou malheureusement pour nous, au lieu de disparaître à la première sommation comme font d'ordinaire ces hôtes incommodes qui prennent un méchant plaisir à troubler la quiétude de l'esprit, elles se sont acharnées après nous, et partout elles dressaient devant nos yeux leurs points d'interrogation, ces crochets de torture qui s'enfoncent dans l'esprit, le tirent, le déchirent, le retournent de tous les côtés et ne lui laissent plus ni repos ni trêve.

A force de nous demander en quoi consistait la différence entre ce que nous appelons la musique, et le bruit, ou entre la musique et une réunion quelconque de sons musicaux pris au hasard ; à force de chercher par quels caractères la musique qui nous plaît diffère de celle qui nous agace, nous nous sommes réveillé un beau matin, nous apercevant avec terreur que nous n'agitions pas autre chose que le vaste et obscur problème de l'essence de la musique, de ce qui en fait un art, et cet autre problème encore plus effrayant et plus ardu, celui du beau musical.

Il faut reconnaître que pour un esprit français peu familiarisé avec les conceptions abstruses, et qui n'avait jamais pu entendre prononcer le mot *Esthétique* sans un certain frissonnement d'appréhension, le réveil était peu agréable, mais comme les deux points d'interrogation ne lâchaient pas prise, nous nous sommes enfoncé dans ces ténèbres à la recherche des clartés que nous soupçonnions vaguement.

Nous apportons pour cette fois la première partie de nos recherches, celle qui a trait à la détermination de l'essence de la musique, nous réservant d'exposer plus tard en quoi consiste le beau dans cet art.

PHILOSOPHIE
DE LA MUSIQUE

PREMIÈRE SECTION

ANALYSE DES ÉLÉMENTS DE L'ŒUVRE MUSICALE

CHAPITRE PREMIER

LE SON

La première question à laquelle il s'agit de répondre, on ne l'a pas oublié, est celle-ci : En quoi la musique est-elle la musique et pourquoi ne se confond-elle pas avec les bruits quelconques qui viennent frapper notre oreille ou avec des sons assemblés au hasard, en d'autres termes quels caractères constituent l'art musical ?

Un enfant qui a l'instinct de la mécanique éventre son bébé qui parle pour voir ce qui le fait parler ; plus tard il démonte pièce à pièce sa montre d'argent pour essayer de la refaire. C'est ce que les philosophes ont appelé la méthode analytique.

Nous allons l'appliquer à une production de l'art

musical, à la plus simple, à la mélodie et, pour que tout le monde ait présente à l'esprit la pièce à démonter, nous prendrons pour exemple une piètre mélodie de Lulli, qui a le mérite d'être assez connue.... *Au clair de la lune !*

Mais, avant de commencer notre analyse, il nous faut étudier d'abord la matière que façonne l'art musical, c'est-à-dire le son.

Depuis que la science cherche à expliquer le monde extérieur, elle a observé et recueilli une grande quantité de faits bien distincts entre eux qu'elle a rangés sous ces rubriques générales : *lumière, électricité, son, chaleur*, etc. Il est facile de distinguer ces différents phénomènes les uns des autres ; mais quand on veut remonter aux causes qui les produisent, on ne s'entend guère mieux que sur l'âme et sur le principe vital. L'esprit humain, toujours enclin à généraliser et à considérer l'unité de moyens comme la perfection, est allé jusqu'à assigner à l'électricité, au calorique, à la lumière et au son un principe unique, la vibration agissant sur des organes différents, et l'on a pu prétendre avec une certaine apparence de raison que les différentes sensations ne proviennent pas des corps extérieurs, mais des différences dans la composition des nerfs qui constituent les divers organes. N'est-il pas vrai, en effet, que la lumière qui frappe l'œil peut agir sur la sensibilité comme chaleur et que le son qui frappe l'oreille peut se faire ressentir par la peau comme ébranlement ? Au fond, c'est le même phénomène, qu'il s'adresse à un fluide impondérable, ou à l'air, c'est-à-dire, une vibration. Ce qui prouve encore mieux que la différence des sensations provient surtout de la composition même des organes de perception c'est que vous pouvez soumettre le nerf optique à tous les agents physiques, à tous les ébranlements de l'électricité, du calorique, du son, etc., vous n'obtiendrez jamais que la sensation de couleurs. En vous adressant aux nerfs du toucher, vous aurez une impression tactile, etc.

Si nous allons plus avant, nous pouvons dire que la matière se manifestant à nous par tous ces différents phénomènes qui ne sont au fond que des vibrations il en résulte que la vibration est une qualité immanente des corps, leur essence, leur vie propre.

En effet, pour l'esprit qui voit au delà des apparences extérieures, la matière, par cela seul que nous la percevons d'une façon quelconque, est toujours en mouvement. Si l'on éloigne insensiblement de mon œil une lumière de façon qu'enfin je ne la voie plus, dirai-je, au moment où elle échappe à ma vue, que la vibration de l'éther a cessé? Si un son descend d'un ton excessivement aigu à un ton si grave que je finisse par ne plus l'entendre, serai-je autorisé à affirmer que le corps sonore, ou que l'air ne vibre plus ? Évidemment non ; la raison me dit au contraire que le repos est relatif, et non pas absolu et que ce corps vibre toujours. A cause de l'imperfection de notre oreille, nous ne percevons le son que quand cette vibration a acquis une certaine rapidité, et une certaine intensité, quand nous l'avons augmentée par un choc, par un frottement, par un appoint de force quelconque; mais la vibration non perçue n'en existe pas moins pour cela. Si tout est en mouvement, tout vibre, tout par conséquent résonne, il ne manque qu'un milieu assez subtile pour transmettre les moindres vibrations à un organe assez délicat pour les percevoir. Qui peut dire, si l'on inventait pour l'oreille un cornet acoustique destiné à lui rendre les mêmes services que le microscope à l'œil, que nous n'entendrions pas l'*herbe pousser* comme dans les contes de fées, et bruire les pierres, et que nous ne vivrions pas au milieu des sons, comme nous vivons au milieu de la lumière, cette autre vibration ?

Mais abandonnons ces hauteurs abstraites de l'hypothèse et disons seulement que si les différents phénomènes dont nous venons de parler, la lumière, l'électricité, le son, etc., peuvent être ramenés à une cause générale, unique, ils se séparent profondément aussitôt qu'ils arrivent à être perçus par l'organisme humain, et qu'à l'état de sensations, on ne saurait plus les assimiler les uns aux autres qu'en violant le plus vulgaire bon sens.

L'analogie entre le son et la lumière a été pourtant bien souvent exploitée. Elle a donné naissance de toute antiquité à des milliers de comparaisons entre les tons musicaux et les couleurs, entre la musique et la peinture. C'est encore aujourd'hui un thème qui sert à exercer la verve des parleurs académiques, comme le parallèle entre César et Pompée ou entre Démosthène et Cicéron.

Cette analogie certes est incontestable, mais il faut bien se garder de l'étendre plus qu'elle ne le comporte ; qu'on s'en serve comme d'une source de métaphores, rien de mieux, mais qu'on ne s'imagine pas qu'elle ait une valeur scientifique quelconque. Si pour le son comme pour la lumière la rapidité des vibrations marque la différence entre les tons musicaux et les couleurs, si l'on peut trouver en considérant le nombre des vibrations que le rouge correspond à *ut*, l'orangé à *ré*, le jaune à *mi*, et ainsi de suite dans toute la gamme (1), qu'on n'aille pas pour cela, comme le père Castel, — les savants vraiment ne doutent de rien, — faire de cette simple ressem-

---

(1) Les vibrations les plus rapides pour l'œil donnent le violet et le bleu ; les moyennes le vert et le jaune ; les plus lentes le rouge.

blance une identité complète, suffisamment démontrée, et imaginer un clavecin de couleurs avec lequel on jouera des airs pour les yeux. C'est absolument comme si l'on prétendait chauffer quelqu'un en lui tirant un feu d'artifice. Pourquoi ne pas proposer d'arranger l'*Armide* ou l'*Alceste* en chromatropes et de transformer les symphonies d'Haydn en devanture de marchand de couleurs?

Voilà pourtant où conduit l'abus du raisonnement analogique, ce sophisme, père de tant d'erreurs, et que nous retrouverons encore plus d'une fois dans le cours de nos recherches.

Nous demandons pardon au lecteur d'avoir insisté si longtemps sur une erreur aussi grossière, mais on a fait un tel abus des comparaisons entre les sons et les couleurs qu'il n'était peut-être pas inutile de s'y appesantir au risque de paraître enfoncer des portes ouvertes.

Laissons là le son considéré en lui-même, et voyons-le tel qu'il se présente à nous dans la mélodie que nous nous proposons de disséquer.

Si nous chantons *Au clair de la lune*, nous n'avons pas besoin d'aller plus loin que la quatrième note pour remarquer que les sons diffèrent par leur hauteur.

Mais ce n'est pas là leur seule différence, nous savons fort bien que deux sons semblables peuvent se distinguer l'un de l'autre par leur force, par l'impression plus ou moins nette qu'ils font sur le tympan. Nous avons donc un second caractère du son avec la hauteur : l'intensité.

Est-ce tout ? ne saurons-nous pas reconnaître encore si notre air est joué par une clarinette ou chanté par une voix humaine, et ne ferons-nous aucune différence entre les sons sortant d'un frais gosier de jeune fille et la voix éraillée d'un vieux chanteur des rues? Il y a donc un troisième caractère du son, caractère plus intime, qui est comme sa physionomie, sa couleur, son parfum et que le lecteur a déjà nommé : le timbre.

Nous avons maintenant tous les caractères du son. Deux sons à la même *hauteur*, de la même *intensité*, du même *timbre*, seront complétement identiques.

§ 1. — *La hauteur*.

Tout le monde sait que la hauteur du son dépend du nombre des vibrations du corps sonore dans un temps déterminé, dans la seconde par exemple. Le son le plus élevé est celui qui résulte du plus grand nombre de vibrations et par suite de l'ébranlement le plus rapide des nerfs auditifs.

Comme nous l'avons déjà dit, la sensibilité de l'appareil nerveux est bornée. Les vibrations doivent être d'un mouvement moyen pour être perçues comme sons. Trop lentes ou trop rapides, elles nous échappent. Les sons les plus graves que nous puissions saisir doivent avoir cinq à sept vibrations par seconde, ils ne sont bien distincts qu'à soixante-quatre. Les sons les plus aigus ne peuvent dépasser trente mille, ce qui fait une impression très-désagréable sur l'oreille, je ne parle pas des sons qui atteignent jusqu'à soixante-sept mille vibrations par seconde, outre qu'on les obtient très-difficilement, ils sont à peu près imperceptibles, du moins à la généralité des oreilles humaines. Certains animaux organisés autrement que nous, les chats par exemple, perçoivent des sons beaucoup plus aigus que ceux que nous pouvons entendre et d'une bien moins grande intensité.

Si nous nous en tenons aux sons qui ne sont pas désagréables à l'oreille ou qui ne demandent pas un trop grand effort d'attention, aux sons qui peuvent servir de matière à l'art, aux sons musicaux en un mot, nous trouvons que leur hauteur moyenne se meut, à peu près dans six octaves seulement.

Ce n'est pas tout : s'il y a des sons qui échappent à l'oreille à cause de la lenteur ou de l'excessive rapidité de leurs vibrations, c'est-à-dire qui sont trop graves ou trop aigus pour être perçus, il faut observer encore que cette même imperfection de l'organe ne lui permet pas de distinguer deux sons qui ne différeraient entre eux que par un petit nombre de vibrations, bien qu'absolument parlant l'un fût plus aigu que l'autre. Si vous ébranlez une corde et qu'en même temps vous la tendiez de plus en plus par un mouvement insensible et continu, vous rendez les vibrations de plus en plus rapides et ces sons s'élèvent, mais par degrés inappréciables. Entre le point de départ que nous supposons, la corde lâche et le point extrême de tension, il y a eu bien des sons, mais que l'oreille n'a pu nettement distinguer les uns des autres, tant la gradation a été insensible, de même que l'œil ne peut distinguer dans le prisme le point précis où une couleur commence à différer d'une autre. Il a donc fallu établir pour la commodité de la perception une ligne de démarcation tranchée entre les sons, négliger ceux qui servent de transition et s'en tenir à ceux qui, réunissant les qualités les plus saillantes, donnent par conséquent l'impression la plus distincte et la plus agréable.

L'échelle arbitraire formée de cette façon s'appelle la gamme.

La gamme n'est donc qu'un choix de certains intervalles. Le nom particulier donné à chaque échelon de cette échelle indique le moment où un son diffère sensiblement d'un autre.

Dans une gamme tous les sons qui se succèdent ne produisent pas la même sensation de plaisir. Les uns satisfont pleinement l'oreille en imprimant à la sensibilité un mouvement ample et régulier, les autres excitent, inquiètent, laissent désirer une sensation plus claire, plus facile, et demandent invinciblement à être complétés par un des premiers. Comme nous le verrons plus tard, c'est précisément dans l'heureuse combinaison de ces intervalles différents, que réside le charme de l'œuvre artistique par excellence, de la mélodie.

Les sons qui font l'impression la plus sensible et la plus agréable sur notre oreille s'expriment par des nombres de vibrations qui sont dans un rapport simple, 2, 3, 5, etc., les autres rapports appartiennent à des sons moins clairs : l'oreille ne saisit pas aussi bien des proportions plus compliquées. L'intervalle le plus satisfaisant est l'*octave*, formé par le double des vibrations ; vient ensuite la *quinte* qui est le degré le plus facile d'une note à son octave, aussi est-ce après l'octave l'intervalle le plus important : de la note initiale à la quinte il y a un saut brusque mais aisé qui donne un grand mouvement à la sensibilité.

La *tierce* tient le milieu entre la note tonique et la quinte, elle diminue le saut par un degré intermédiaire pour qu'il ne soit pas si violent, mais cet échelon n'est pas stable, on ne peut pas s'y arrêter, il faut revenir à une base plus certaine, à la quinte ou la tonique. Quand un morceau finit sur la tierce, on éprouve un sentiment de désir inassouvi mais qui parfois n'est pas sans charme. Comme l'oreille suppose après cette tierce la tonique, c'est de la part du compositeur comme une habile réticence, une flatterie à l'adresse de l'auditeur obligé de rétablir mentalement la note absente.

La gamme dont les intervalles sont le plus rapprochés s'appelle *chromatique*, d'un nom emprunté à la gradation des couleurs, celle où les intervalles sont plus distants et mieux caractérisés s'appelle *diatonique*. C'est la gamme moderne qui a donné son caractère spécial à notre musique si différente de l'ancienne, et du plain-chant.

Nous n'avons pas la prétention d'apprendre à personne les noms des notes, ni les nombres de vibrations qui distinguent les divers intervalles, ni l'existence de deux espèces de gammes différant par la disposition de leurs échelons — gamme majeure et mineure — toutes ces notions sont de la technique de la musique et importent peu du reste au but que nous poursuivons.

D'après ce que nous avons dit des motifs physiologiques qui ont présidé à la formation de la gamme, et bien que la science ait démontré que les différents tons à partir du son initial se composent de vibrations dont les proportions sont mathématiques, on est obligé de reconnaître que ce procédé de la gamme est purement arbitraire, d'invention humaine, et qu'on ne saurait rien rencontrer d'analogue dans la nature. Nous n'avons pas besoin de qualifier l'idée de Kircher qui imagine que l'homme a trouvé la gamme actuelle dans le cri du singe d'Amérique, le paresseux, lequel pousse six notes dans l'ordre diatonique. Nous restons persuadés que Mozart et Beethoveen ne doivent rien à la découverte du nouveau continent.

La logique, à défaut de l'histoire, suffirait pour démontrer que ce procédé de la gamme, base essentielle de la musique, a dû varier selon les époques, les climats, les organisations, les habitudes des différents peuples, et qu'on n'est arrivé que progressivement, par étapes successives, à la gamme diatonique, majeure ou mineure, telle que nous l'avons aujourd'hui. Le choix de certains rapports dans les sons dépend en effet de circonstances physiologiques qui peuvent changer selon les temps et selon les lieux. Pendant fort longtemps on a employé des gammes et des tons qui sont maintenant complétement tombés en désuétude et qui nous paraîtraient discordants. Les Chinois ont une musique dont ils sont très-fiers, qu'ils cultivent avec amour, qui fait partie de leur religion, dont les traditions sont soigneusement conservées, et sur laquelle ils ont écrit des milliers de volumes, une musique enfin aussi étudiée, aussi savante, aussi respectable que la nôtre, et qui ne nous semble pourtant qu'un horrible charivari. La musique européenne que nous trouvons si belle, les œuvres les plus exquises de Mozart et de Rossini leur font se boucher les oreilles comme au grincement du liége sous le couteau.

La musique des Indiens, celle des Égyptiens, diffèrent aussi complétement de la nôtre.

Dans le monde infini des sons chaque peuple a choisi les intervalles qui allaient le mieux à son organisme. Les uns, dont l'oreille est fine et déliée, comme celle des chats, font des gammes dont les intervalles croissent par quarts de tons, les autres se contentent de demi-tons, d'autres veulent un mélange de tons et de demi-tons, etc.

Il faut dire, à la louange de la musique européenne, que sa gamme est la plus convenablement choisie pour l'art, abstraction faite du point de vue physiologique. Ses notes, séparées par des intervalles réguliers, constituent un système mieux ordonné, qui répond aux grandes lois de régularité de l'intelligence, un système plus dégagé de la sensibilité, plus spirituel, plus indépendant du bruit, de la vibration grossière de la matière, plus empreint de volonté, plus artistique en un mot. Les Chinois, avec leurs gammes progressant par petits intervalles, en sont restés à peu près au seul bruit. Leur musique, enchaînée à la matière, n'a pas pu s'élever, se développer dans les formes abondantes et variées de la musique moderne. Aussi, chez eux, les instruments de percussion jouent le premier rôle, tandis qu'ils tendent à disparaître de plus en plus de nos orchestres.

§ 2. — *Intensité.*

L'intensité du son résulte de l'amplitude des vibrations. En d'autres termes, l'intensité est la quantité de force avec laquelle est ébranlé le corps ; et, comme la vibration se transmet à l'oreille, il faudrait, au point de vue de la sensation, définir l'intensité, le degré de tension du tympan, ou d'ébranlement des faisceaux nerveux. Un son très-faible est impuissant à tendre ou à agiter les nerfs de l'oreille, tandis qu'un son très-violent, un coup de canon, par exemple, peut les briser ou produire des désordres graves dans leur constitution. Mais, entre ces deux extrémités, il y a place pour une foule de sensations agréables, que la musique peut nuancer à l'infini, et qui lui fournissent de grands moyens d'action sur les auditeurs.

Quand il s'agit des matériaux de choix que le musicien est appelé à mettre en œuvre, c'est-à dire des sons musicaux, c'est donc encore dans la moyenne que doit rester l'intensité. Cet élément, ainsi que nous le verrons plus tard, est une qualité très-importante pour l'art qui en tire de merveilleux effets ; c'est un puissant modificateur de la sensibilité. Ce qu'on appelle l'*expression*, sauf quelques moyens empruntés au timbre, consiste presque exclusivement dans les nuances de l'intensité. Elle compte aussi comme un élément considérable du rhythme.

§ 3. — *Le timbre*.

Si les deux caractères du son que nous venons de considérer se trouvent facilement expliqués par la vibration de l'air, il n'en est pas de même du timbre. On comprend très-bien, en effet, comment une vibration plus ou moins rapide, plus ou moins violente, produit des sensations différentes sur le tympan, mais il est assez difficile de concevoir ce que le son peut emporter avec lui qui donne la sensation du timbre.

Puisque, jusqu'à présent, nous n'avons considéré que la force et la rapidité de la vibration, il nous reste encore à examiner sa forme, et la raison nous dit que ce doit être là que nous trouverons l'explication du timbre.

Les différentes molécules dont les corps sont composés ne sont pas toutes disposées de la même façon. Le microscope fait apercevoir dans un corps diverses lignes, des couches superposées de matière, inégalement réparties, un dessin pour ainsi dire. A l'ébranlement sonore, toutes ces molécules entrant en mouvement, tout en conservant leur arrangement, s'impriment et se moulent dans l'air éminemment compressible et élastique, qui transmet cette forme à l'appareil vibratoire, à la sensibilité.

Si l'on fixe un crayon perpendiculairement à une des branches d'un diapason, et qu'on fasse vibrer cet instrument, le crayon dessinera sur une feuille de papier qu'on promènera au-dessous, une ligne ondulée de certaine façon, qui présentera des ondulations différentes pour un autre instrument. On peut donc dire que chaque instrument a son dessin spécial, qui ne peut résulter évidemment que de la disposition particulière des molécules dans le corps mis en vibration.

En vertu même de cette disposition variée des molécules, qui permet à une certaine quantité d'entre elles de vibrer, de s'ébranler les unes fortement, les autres faiblement, tandis que certaines restent tout à fait en repos, il arrive qu'un son est toujours, ou très-ordinairement du moins, mélangé de sons accessoires qui disparaissent dans le son principal. Si vous pincez fortement une corde de violon, ou si vous l'ébranlez avec un archet, pour peu que vous ayez l'oreille exercée, vous entendez en même temps, et comme une légère émanation du son fondamental, la tierce, la quinte, l'octave, etc. Ces sons, éléments simples, qu'on appelle les harmoniques, l'habitude finit par les isoler, et des moyens fournis par la physique sont arrivés à les séparer tout à fait et à les rendre très-distincts. Un son, d'ordinaire, est donc un tout complexe comme la lumière blanche où le prisme fait apercevoir différentes couleurs. Or, dans l'oreille se trouvent une infinité de cordes nerveuses, dont les unes sont ébranlées fortement par les vibrations principales et donnent les sensations du ton, tandis que d'autres, plus faiblement agitées par les sons partiels changent seulement l'impression totale, de façon à produire une impression particulière, celle du timbre. Que les harmoniques soient perçues ou non, elles n'en modifient pas moins la sensation principale, et c'est pour cela que tout le monde, sans avoir l'oreille bien délicate, reconnaît le timbre. Le son qui n'a pas d'harmoniques, qui n'est pas composé (s'il en existe de tel), est mou, sourd, vide pour ainsi dire à côté de ceux qui sont composés.

On peut donc définir le timbre comme le résultat des sons accessoires (harmoniques dans les sons musicaux, et inharmoniques dans les bruits), et dire qu'il varie selon leur nombre et leur hauteur. L'expérience a démontré que lorsque les sons partiels changent, le timbre change également. Or, comme nous l'avons dit tout à l'heure, on n'aura plus les mêmes sons accessoires, si l'on modifie la composition moléculaire, soit de la matière dont est fait l'instrument, soit de la colonne d'air qui entre en vibration, parce que, encore une fois, le timbre n'est autre chose que la forme de la vibration de l'air se reproduisant exactement dans la matière nerveuse de l'oreille.

Un son qui rentre dans l'échelle de la gamme et d'une intensité qui ne dépasse pas les bornes de ce que peut supporter l'oreille, s'il n'est pas d'un timbre pur et clair, ne pourra être employé comme élément de l'art. Il faut que les sons grossiers, rudes, mélangés, tels que les donne la nature, soient modifiés, affinés, rendus aptes à flatter la sensibilité : le musicien ne travaille que sur des matériaux de choix, comme le sculpteur sur la pierre du grain le plus fin et le plus homogène.

Or, voyons ce que doit être le timbre pour former un son musical.

Le son est clair et pur, à condition que les *harmoniques*, les sons accessoires, soient beaucoup plus élevés que la note initiale et beaucoup moins forts qu'elle. Ce que nous appelons *bruit*, c'est-à-dire la négation du son musical, est une vibration des corps accompagnée de vibrations accessoires, inharmoniques, presque aussi fortes souvent que le son initial et toujours très-rapprochées de lui.

Ajoutons que le son pour être pur doit être formé de vibrations dont le jeu soit régulier, toujours le même, dessinant dans l'air une forme dont les lignes ne s'entrecroisent ni ne se coupent jamais. Le son musical frappe l'oreille comme un tout plein, harmonieux, d'un équilibre persistant, tandis que le *bruit* complexe, variable, perdant des notes harmoniques qui s'éteignent subitement par suite de l'irrégularité de sa vibration change à chaque instant l'impression. Ce qui produit le grincement, la raucité dans un instrument, ce sont les interruptions de la vibration normale, interruptions provenant la plupart du temps de l'instrumentiste, de la façon dont il attaque la note, c'est-à-dire dont il commence la vibration. La matière de l'instrument, si elle vibre directement, y est également pour beaucoup, la douceur et la dureté du son dépendant, comme nous venons de le dire, de la facilité et de la régularité avec laquelle s'accomplissent les vibrations. Si donc les molécules ne sont pas homogènes, ou si, dans les corps fibreux, les fibres se contrarient, le timbre ne sera pas pur. C'est pour ce motif, par exemple, que pour le violon, les luthiers recherchent les longues nervures longitudinales, en ayant soin de les couper le moins possible par des pièces de rapport dont les fibres seraient transversales.

Le timbre, que les Allemands appellent poétiquement la couleur du son, est excessivement important pour l'art. C'est en lui que réside un des plus grands moyens d'expression. Ne dit-on pas d'un timbre qu'il est tendre, sévère, ému, sombre, amoureux, etc. Les passions diverses qui émeuvent l'homme, agissent sur l'organisation de l'instrument vocal et modifient par conséquent la nature des sons. La trachée artère dilatée ou comprimée produit un son différent. La colère, la pitié, la joie, la douleur timbrent la voix chacune à sa manière et d'une façon si bien caractérisée que, quand même le sens des paroles échapperait, le son seul en lui-même parlerait quelquefois assez clairement. L'amour donne à la voix un timbre d'un charme étrange : elle devient plus douce, plus souple et plus élevée. Aussi n'est-ce pas arbitrairement que les ténors au théâtre jouent toujours les amoureux, et sont invariablement les rivaux heureux des basses-tailles ou des barytons que leur organe rude et grave condamne aux fureurs de la jalousie et aux désespoirs de l'amour méconnu.

La nature elle-même semble indiquer ces rôles. Certains oiseaux ne chantent qu'au printemps, les mâles surtout, et leur voix acquiert alors un éclat et une étendue inaccoutumée. Chez l'homme même, n'est-ce pas à l'époque de la puberté que la voix change et se timbre définitivement ?

Ces rapports indirects du timbre avec les sentiments dont il est le reflet sont utilisés par la musique vocale, qui en tire un de ses plus puissants moyens d'expression. Quant à la musique instrumentale, le timbre y joue un rôle tout autre, mais d'une plus grande importance encore. C'est lui, en effet, qui forme le caractère des instruments, leur personnalité, qui fait autant de voix distinctes de toutes les voix qui chantent dans un orchestre, et donne à chaque acteur de ce drame musical un type particulier.

CHAPITRE II

LE RHYTHME

Un corps sonore mis en vibration et abandonné à lui-même rend un son plus ou moins prolongé, selon la force du mouvement qui lui a été imprimé, et à égalité d'intensité selon la rapidité de ses vibrations. Si vous frappez un coup sur une peau de tambour, ou sur une cloche, le son, qui commence par être fort, s'amoindrit assez rapidement jusqu'à ce qu'il s'évanouisse tout à fait. Il y a dans ce mouvement une durée normale qui pourrait être chiffrée mathématiquement et qui ne varierait jamais pour un même corps. Cette durée naturelle des sons dépendant de conditions physiques, transportée dans l'art, ne produirait qu'une désespérante monotonie. Comprendrait-on une musique qui laisserait chaque note s'éteindre d'elle-même, avant d'en faire entendre une autre?

Ici encore l'art a dû corriger la nature. Tantôt il égalise la durée entre les notes de différentes hauteurs, tantôt il maintient la variété naturelle de cette durée, tantôt il la change à son gré; il prolonge les sons élevés, qui devraient finir les premiers; il abrége les sons graves; il donne une nouvelle intensité aux notes qui allaient s'éteindre, il transpose les lois du mouvement en commençant par un *piano* pour finir par un *forte*, il interrompt brusquement un son qui avait encore de la force, etc.; en un mot, il modifie, il bouleverse à sa fantaisie toutes les règles de la durée, et introduit une variété pleine de richesse où il n'y avait que sécheresse et monotonie.

Mais ce mouvement varié n'est affranchi des lois rigides de la nature que pour être replacé sous celles de l'art, lois beaucoup plus flexibles, il est vrai, mais qui pourtant ne peuvent être impunément transgressées. Cette régularisation de la durée des sons constitue ce qu'on appelle le *rhythme*.

Avant d'aller plus loin, il faut qu'on se fasse une idée bien nette de ce qu'est le rhythme dans la musique. L'expérience directe va nous le montrer dans notre *pièce anatomique* : « Au clair de la lune. »

Pour isoler complétement la durée des autres éléments du son et la bien mettre en relief, il suffit, au lieu de chanter l'air, de le tambouriner avec les doigts. Nous réduisons ainsi les différentes hauteurs à un même dénominateur, le son du bois sur lequel nous frappons.

Au premier essai, nous voyons que cette unité organisée que nous avons appelée un chant, simplement réduite à la durée, peut être décomposée en différentes parties dans lesquelles nous trouvons une symétrie très-saillante. Ainsi notre air se divise naturellement en huit parties.

1

Au clair de la lune,

Mon ami Pierrot,

III
Prête-moi ta plume,

IV
Pour écrire un mot.

V
Ma chandelle est morte,

VI
Je n'ai plus de feu.

VII
Ouvre-moi ta porte,

VIII
Pour l'amour de Dieu.

Ces parties se trouvent ici correspondre exactement à chaque vers, mais dans un autre air il pourrait en être autrement.

Si nous recommençons maintenant un peu plus attentivement à jouer l'air avec les doigts, nous remarquons que, sur les huit parties, il n'y a que deux formes de mouvement, et qui alternent l'une avec l'autre. I correspond exactement à III, à V et à VII ; II correspond à IV, à VI et à VIII.

Ainsi l'observation directe nous montre la durée des différents sons, ayant subi une certaine façon dans l'œuvre d'art. Cette façon c'est ce qu'on appelle rhythme.

Plusieurs sons perçus dans une journée, sans liaison, sans unité qui les resserre comme dans un cadre, ne constitueraient pas une œuvre d'art. Il faut qu'ils soient entendus dans une certaine délimitation du temps, de manière à former un ensemble dont les différentes parties soient liées étroitement entre elles. Si chaque impression durait un temps égal, c'est-à-dire si toutes les notes avaient la même valeur, il y aurait bien un mouvement réglé, mais trop monotone, éveillant trop peu l'attention. Autant vaudrait peindre un tableau tout entier avec la même couleur. Pour que cette notion du temps soit claire et distincte, et ne se perde pas dans l'indétermination, il faut de la variété dans les différentes durées comme il faut dans l'espace des déviations de la ligne droite pour donner l'idée de la forme.

L'âme, brusquement excitée par des impressions qui contrastent, a le sentiment plus net, plus vif et par conséquent plus agréable de son activité; d'un autre côté, tenue en éveil par l'attente du retour périodique du rhythme, elle est distraite de la fatigue que lui donnerait l'uniformité.

Or, puisque l'essence de l'art est d'imposer aux choses extérieures l'ordre et la régularité, de mettre l'harmonie dans le désordre apparent de la nature, il faut que cette apparence de désordre existe pour qu'on jouisse du plaisir de la voir se résoudre dans la régularité.

C'est pour ce motif que le lien de la durée qui rassemblera les différentes perceptions des sons ne doit pas être trop apparent. Il faut qu'il se dissimule un peu, comme le fil qui rattache les différentes parties d'un bouquet; mais il faut éviter aussi qu'il ne soit trop lâche, et que les sons ne se détachent les uns des autres et ne retombent de nouveau dans le vague et l'indéterminé.

Pour obtenir cette unité harmonieuse du rhythme, il y a deux choses à considérer : d'abord les valeurs des notes entre elles, leur différente durée, en second lieu l'arrangement symétrique de certaines parties, le retour périodique des membres semblables. Ces deux éléments pourraient être comparés à ce que sont par exemple en poésie la valeur des syllabes dans chaque vers et un ensemble de vers régulièrement disposés comme la strophe. Ce sont ces deux symétries, l'une plus particulière, l'autre plus générale, qu'il faut observer dans le mouvement, et c'est par leurs différentes combinaisons qu'on obtient ces variétés innombrables de rhythmes, qui sont la charpente, le squelette, la forme, le dessin de la mélodie.

Par son action sur la sensibilité, le rhythme est l'élément le plus important de la musique. Les anciens disaient : le rhythme est le mâle, la mélodie est la femelle. Il a sa base en effet dans notre nature intime.

Pour ressentir le plaisir de cette régularisation du mouvement dans le son, l'éducation artistique n'est pas nécessaire, le système nerveux suffit. Les sauvages, les enfants, les animaux même sont sensibles au rhythme, car il n'est autre chose que l'ordre et la symétrie apportés dans les sensations, dans l'ébranlement de la sensibilité, dans le mouvement des fibres nerveuses.

Les sons agitant les nerfs par des commotions lentes ou rapides, c'est un mouvement de la matière que le corps humain s'assimile. Le rhythme accélère ou ralentit ainsi, comme à son gré, la circulation du sang : il devient un agent de la vie, puisqu'il est mouvement ; il agit à la façon des passions. Comme la passion il emporte, il entraîne, il électrise, et le sentiment se mêlant à cette action physique, il pousse l'homme à la joie, au courage, à l'enthousiasme. Lent et doux, il berce mollement, il endort comme le balancement régulier d'un hamac ; il calme, il apaise. Voyez quand un régiment passe dans la rue, musique en tête, et que tous les échos répètent un air vigoureusement rhythmé, tout le monde se jette aux fenêtres pour entendre : on bat la mesure avec la tête, avec les mains, avec les pieds, les enfants trépignent dans les bras de leurs nourrices, et les gamins se mettent à suivre les musiciens en marquant le pas comme les plus vieux troupiers. Au théâtre, quand un rhythme bien accentué s'est emparé du public, vous voyez les plus grossiers auditeurs réussir à marquer extérieurement le mouvement dont ils sentent les secousses au dedans d'eux-mêmes. Le rhythme matérialisé dans le son pénètre tous les membres et les secoue comme le fluide de Gavalni agite les grenouilles.

Le mouvement réglé du son fournit ainsi des stimulants à la volonté, agit comme elle, et par suite augmente la force et provoque l'action. Aussi le voit-on heureusement employé pour faciliter certains efforts en les réglant. Le tambour, le *grand excitateur du courage* comme dit Shakespeare, instrument exclusivement rhythmique pousse le soldat en avant par le mouvement entraînant de la charge. Les ouvriers qui manœuvrent le cabestan ou qui tirent la corde de la grue, s'animent par une chanson. Cet effet du rhythme est si incontestable, qu'on peut regretter de ne pas le voir utilisé dans tous les états manuels qui occupent le corps et laissent en repos l'esprit : si dans les manufactures, dans les chantiers de travailleurs, à la fin de la journée, des airs fortement rhythmés étaient joués par des instruments de cuivre on pourrait prolonger les heures de travail, ou du moins singulièrement alléger les plus pénibles. Le rhythme a une telle puissance sur le corps humain, pour le mettre en mouvement qu'il a créé un art complet, la danse.

La danse n'est en effet que la matérialisation du mouvement rhythmé, le geste de la musique. Ce mouvement que le son imprime intérieurement à l'organisme, on est porté à le manifester extérieurement par le geste, soit en se bornant à n'accuser régulièrement que certaines parties, les plus accentuées du rhythme, soit en reproduisant avec plus de détails le dessin particulier du mouvement, ce qui distingue la danse du théâtre, la danse artistique de la danse ordinaire. En effet, dans un ballet le rhythme de la musique est détaillé par les jambes et les bras de la danseuse, par tous les mouvements de son corps, tandis que dans un salon les danseurs se bornent à marquer les accents les plus forts du mouvement.

On peut dire que la danse est la traduction de la musique faite pour l'œil, non plus par la couleur comme le voulait le jésuite Castel, mais par la forme, ce qui est une traduction plus exacte. L'espace est en effet l'équivalent du temps, et le mouvement est une notion commune à l'œil et à l'oreille. Ce que la musique exprime dans le temps, la danse l'exprime dans l'espace.

Le rhythme ainsi considéré, dans son action matérielle, n'a pas besoin d'être accompagné d'un son bien musical. On peut même dire qu'un rhythme trop accentué nuit à l'effet de la musique, sort de son domaine et provoque dans l'esprit des images de mouvements, de gestes ou de pas. Aussi la musique où le rhythme domine, par cela seul qu'elle donne la première place à un élément qui n'est pas purement musical, est un genre très-inférieur. Les Anglais, si peu musiciens, sont grands amateurs du rhythme, et les Chinois ne comprennent guère que cet élément de l'art. Il faut remarquer encore que les instruments rhythmiques sont les plus grossiers ; ils se contentent d'un son musical fort, mais la plupart du temps d'un timbre discordant. Ils n'ont du reste d'autre but que de faire du bruit, d'augmenter l'ébranlement nerveux : la plupart sont employés pour la danse ou pour la musique militaire. Tout le monde sait quel secours les castagnettes ou les tambours de basque prêtent aux danseuses. Les cymbales, le chapeau chinois, le tambour, n'ont d'autre but que d'accuser plus fortement le rhythme en augmentant l'intensité du son.

Ce que nous venons de dire du rhythme suffit à montrer que cet élément est bien en effet le plus essentiel de la musique. Le mouvement dans les sons doit donc être régulièrement façonné, mais il ne faut pas pour cela qu'il donne à l'édifice musical ces formes massives et pesantes, cette symétrie pour ainsi dire géométrique, cette lourdeur grossière qui trahit l'art dans son enfance. Le plain-chant n'est pas rhythmé, et certains airs de nos paysans se développent lentement, sans mesure comme au gré du chanteur qui s'arrête sur les sons et semble s'y endormir. Cette absence d'un rhythme apparent se fait sentir aussi dans le récitatif, cette autre forme inférieure de l'art. La plupart des airs de danse ou les refrains des rues, ont au contraire un rhythme trop marqué, trop violent, et cette sorte de musique n'exerce plus qu'un effet physiologique sur la sensibilité. Il faut que le mouvement dans les sons trouve le milieu entre les deux extrêmes, qu'il soit régulier, mais de cette régularité artistique qui ne saurait se passer de la liberté.

Le rhythme étant la forme, c'est lui qui diversifie les genres, qui fait la barcarolle, la marche, la berceuse, la valse, etc. C'est surtout lui qui, dans un même système de tons, donne aux musiques des peuples leur caractère national, car il est une résultante de l'organisation physique, et prend par conséquent des formes diverses selon les tempéraments. Pour ne citer qu'un exemple, ce qui distingue principalement la musique italienne de la musique allemande, c'est, dans la première, un rhythme plus accentué, des membres de phrases dont l'arrangement symétrique est plus régulier, des valeurs de notes plus disparates, le tout formant un dessin franc et vigoureux. Ces caractères qui agissent principalement sur l'organisme donnent à la musique italienne ces formes matérielles, et sensuelles qu'on lui a souvent reprochées.

C'est grâce à cette netteté du rhythme que les phénomènes un peu vagues du son réussissent à se graver dans la mémoire. Le rhythme est ce que nous retenons le mieux dans un air, comme la composition et le sujet dans un tableau.

En dehors de l'art musical, si nous considérons le langage, nous voyons que le retour réglé des *forte* et des *piano*, les contrastes d'intensité, le façonnement régulier des membres de phrase, le rhythme en un mot constitue la déclamation et le débit oratoire. Dans la poésie, c'est le rhythme en grande partie qui fait du vers une forme distincte de la prose, qui donne la période poétique, la strophe, la stance, etc. C'est son action énergique sur la sensibilité qui a permis aux hommes primitifs, ignorant l'écriture, de fixer leurs pensées en aidant le souvenir, et de transmettre par la tradition orale des poëmes entiers.

§ 1. — *Mesure.*

Nous avons vu que le rhythme n'est que le mouvement dans le son, le mouvement ordonné : mais il y a une autre manière de concevoir le mouvement qui n'est point, à proprement parler, le rhythme : c'est ce qu'on appelle la *mesure*.

Quand les soldats s'avancent précédés de tambours ou de clairons sonnant une fanfare, leurs pieds se meuvent avec une régularité mécanique; s'ils observaient les détails du rhythme, ils danseraient ; ils se contentent d'en accentuer seulement les points saillants, et ils marchent *au pas*, c'est-à-dire ils marquent la mesure.

Les différentes durées des sons entre eux sont trop variées pour être bien et complétement saisies. Elles ont besoin d'être ramenées dans leur diversité à une unité particulière, qui fasse apparaître une régularité plus saillante dans le mouvement, et avec laquelle elles doivent être dans un rapport immuable. Le mouvement ayant pour équivalent le temps, l'unité choisie a été l'unité de temps. Nous n'avons pas besoin de dire qu'elle s'appelle en musique la *noire*, et qu'elle n'a pas une valeur absolue, mais une valeur dépendant du mouvement. Il s'agit donc quand on mesure des notes de savoir combien de fois l'unité de temps ou ses multiples et sous-multiples, considérés à leur tour comme unités, sont compris dans une valeur donnée. La mesure d'un air n'est donc autre chose que la régularisation matérielle et mathématique du rhythme ayant pour but de le contenir dans des limites inflexibles. C'est un retour pour ainsi dire aux lois du mouvement dans la nature.

Si nous chantons *Au clair de la lune*, nous remarquons que, malgré nous, nous appuyons davantage sur certaines notes; nous leur donnons une plus grande intensité, comme, par exemple, dans la première phrase au mot *lune*, et à la dernière syllabe du mot *Pierrot*. Ces pulsations plus fortes qui se font sentir dans le rhythme des sons, se retrouvent dans toute espèce de mouvements, car un mouvement quel qu'il soit a un moment de plus grande intensité, puis il décroît et s'éteint. C'est comme une loi de la matière de tendre sinon au repos absolu qui n'existe pas, mais à un mouvement moindre. Ces différences d'intensité, partout où elles se rencontrent, peuvent par analogie avec le son être nommées l'*accent*. Ainsi on dira très-bien des formes *accentuées*, pour indiquer les saillies, les angles ou les courbes de la ligne qui, dans l'espace, indique le mouvement. En musique, c'est au moyen de ces différences naturelles dans l'intensité des sons, qu'on est parvenu à donner au rhythme une division uniforme et régulière, une mesure.

Cette généralisation du rhythme, la *mesure*, s'accomplit sans le concours de la volonté : c'est là une de ces opérations analytiques comme nous en faisons tant et dont nous n'avons pas conscience.

Mais on peut demander maintenant pourquoi tel chant se divise par deux temps, tel autre par trois pour ne parler que des temps simples.

Nous ne nous dissimulons pas la difficulté de répondre à une telle question, qu'on a toujours laissée de côté faute de pouvoir donner une explication satisfaisante.

S'il nous faut pourtant dire notre opinion, nous croyons que cette division est déterminée par la nature même du chant. Certaines notes plus vibrantes, plus agréables à l'oreille, telles que la quinte, la tierce, etc., à cause du nombre de leurs vibrations, se trouvent appeler des accentuations plus vigoureuses, des temps forts, et c'est le rapport des temps forts avec les temps faibles qu'exprime la mesure à deux temps ou à trois temps, et leurs subdivisions.

Cette mesure du mouvement est pour ainsi dire d'ordre général, on la retrouve partout.

Si nous considérons l'homme, la circulation du sang, la respiration, s'accomplissent selon des mouvements réguliers et différents d'intensité. Le cœur et le poumon battent la mesure à deux temps, avec un temps fort et un temps faible; la diastole et la systole sont comme les mouvements d'un métronome intérieur.

Si nous étendons nos regards plus loin, la nature tout entière, comme nous l'avons déjà remarqué, obéit à ces lois de régularité, à cette *musique* dans le sens des anciens : on dirait qu'elle a établi partout, dans le temps et dans l'espace, pour nous éviter de la fatigue, comme des divisions, des retours périodiques, des arrangements, des groupes analogues à ces constellations que les astronomes ont distinguées dans le ciel pour que l'œil sût où s'attacher au milieu de cette infinie multitude des étoiles. Le cours régulier du soleil et des astres qui gravitent autour de lui; ce grand rhythme, cette cadence de la mer qu'on appelle le flux et le reflux, tous ces mouvements de la nature où l'on retrouve l'accent suffisent et au delà à expliquer cette nécessité pour l'homme de régulariser le mouvement dans le son.

Mais sans nous arrêter à ces considérations purement théoriques, nous pouvons dire au point de vue pratique que si la mesure n'existait pas, il faudrait l'inventer. Un des grands charmes de la musique résidant dans la simultanéité des sons, jamais les instrumentistes ou les chanteurs ne pourraient venir à bout d'exécuter une œuvre polyphonique, s'ils n'avaient un procédé qui simplifie le rhythme. Ce procédé, c'est la mesure. Grâce au geste, le mouvement des sons pouvant être traduit à l'œil, il en résulte un moyen de contrôle de la plus grande utilité. A chaque instant les musiciens en regardant le bâton du chef d'orchestre peuvent vérifier si le mouvement a conservé sa régularité.

Disons encore, avant de terminer, ce qui concerne la mesure, que sa trop grande symétrie pouvant engendrer la monotonie, doit être parfois interrompue. Les notes pointées qui changent l'accent, les *forte*, les *piano*, les soufflets qui la modifient aussi, les syncopes, les triolets, les soupirs, sont autant de moyens qui ont pour but de désorganiser cette unité rigide, de relâcher ce tissu souvent trop serré et d'y introduire un peu de cette variété, de cette liberté nécessaire à l'art.

§ 2. — *Mouvement.*

Nous avons vu que le mouvement régulièrement façonné s'appelait le rhythme, nous avons vu aussi que ce mouvement ramené à une régularité générale constituait la mesure, mais la valeur relative des sons étant donnée, il reste encore à déterminer le temps dans lequel ils doivent être émis, ce qu'on appelle le mouvement général du morceau. Vous pouvez chanter *Au clair de la lune*, avec la plus grande lenteur, ou avec la plus grande rapidité, sans rien changer dans les deux cas, ni à son rhythme, ni à sa mesure. Avant donc que d'exécuter un air, il faut que vous en connaissiez le mouvement.

Comme il n'y a pas de vitesse absolue, le mouvement n'est jamais exactement déterminé. Aussi, malgré l'invention du métronome, s'en tient-on habituellement à de vagues indications. Autrefois les mouvements étaient désignés par les noms de certaines danses : le mouvement d'*allemande*, de *gigue*, de *sarabande*, etc. Aujourd'hui que ces danses ont été oubliées, on se sert des vagues dénominations italiennes, *largo, andante, allegro, presto*, etc. Avec des indications aussi élastiques, il est certain qu'il y aura toujours autant de façons de comprendre les mouvements que de tempéraments particuliers de musiciens. Ce qui est *allegro* pour un homme du Nord, sera *andante* pour un méridional : le *presto* italien est autrement vif que celui des Français ou celui des Allemands. C'est un fait dont on peut se convaincre aisément en allant entendre le même opéra à la salle Lepelletier et à la salle Ventadour. Il y a donc là un champ étendu laissé un peu à l'arbitraire de l'exécutant. Cependant certains degrés extrêmes sont indiqués par la nature des choses et ne sauraient être dépassés. Ainsi, dans un air quelconque il faut que la distance qui sépare deux sons différents ne soit pas assez grande pour laisser la place à d'autres idées que celles des sons qu'on veut faire percevoir à l'auditeur : dans le sens opposé, il ne faut pas que la succession des sons soit plus rapide que la succession même de nos pensées, sans quoi nous n'aurons plus qu'une seule impression, nous n'entendrons plus qu'un son confus. Ceci étant posé, on pourrait sans doute déterminer, fixer au moyen d'une formule le maximum de lenteur de deux impressions sonores, et leur maximum de rapidité. Ce n'est qu'une affaire d'expérimentation.

Ce qui indiquera surtout le mouvement au musicien, ce sera la nature de la musique elle-même qu'il doit exécuter. Les compositeurs, en général, ont attaché assez peu d'importance au mouvement, puisque souvent ils n'ont pas même pris la peine de l'indiquer. Beethoven entre autres y a presque toujours manqué. Ils ont donc pensé que dans une certaine limite c'était une liberté qui devait être laissée au tempérament de l'artiste, et à son inspiration du moment.

CHAPITRE III

LA TONALITÉ

L'analyse de l'œuvre d'art que nous étudions nous a déjà donné, comme éléments constitutifs, le son épuré ou son musical et le mouvement régularisé ou rhythme, mais avec ces deux éléments seuls, on ne peut faire une mélodie. Du rhythme et des sons musicaux quelconques, pris au hasard dans l'immense domaine des sons ne sauraient constituer une œuvre d'art. Il reste donc d'autres éléments encore à découvrir.

Nous avons trouvé à propos du rhythme que la mélodie pouvait se partager en membres distincts qu'on appelait phrases, par analogie avec les parties du discours. Et nous avons vu dans *Au clair de la lune*, une régularité architecturale du dessin de ces phrases. Mais si nous y prêtons plus d'attention, nous remarquons que non-seulement ces parties se ressemblent par la charpente, par la structure, par le rhythme, mais encore que pour certaines d'entre elles les hauteurs sont les mêmes, en d'autres termes qu'elles sont composées des mêmes notes.

Ainsi les quatre premières phrases :

> Au clair de la lune,
> Mon ami Pierrot,
> Prête-moi ta plume,
> Pour écrire un mot...

sont en tout semblables aux deux dernières :

> Ouvre-moi ta porte,
> Pour l'amour de Dieu.

En dehors de ce motif unique répété dans six phrases, il n'y a absolument que

> Ma chandelle est morte,
> Je n'ai plus de feu...

qui soient différentes. La mélodie tout entière est donc formée de trois phrases distinctes, deux dessins ou deux rhythmes et six notes. En d'autres termes, six sons différents combinés avec deux formes de mouvements ont suffi pour faire un air.

Rien n'est plus simple comme on voit et ne saurait être obtenu plus facilement.

Si nous laissons de côté le rhythme, c'est donc dans le choix et dans la succession de six notes que consiste le caractère particulier de notre mélodie.

Or les notes, il est évident qu'elles ont été choisies ; prises au hasard, elles n'auraient produit qu'une cacophonie sans nom.

De même que dans un tableau toutes les couleurs sont subordonnées les unes aux autres et se modifient réciproquement de telle sorte qu'elles sont toutes dans un certain rapport avec le ton le plus vif, de même dans les six notes de notre mélodie, et dans une mélodie quelconque, tous les sons se rapportent à un son fondamental, à la note qui produit la plus vive impression. Ce son d'après lequel tous les autres se proportionnent s'appelle la *tonique* et l'arrangement des notes le *ton*.

Avec le *ton* la musique sort du domaine vague et infini des sons, elle s'incarne, elle prend une forme une unité déterminées par un enchaînement rigoureux La tonalité lui rend le même service par rapport à l'échelle incommensurable des sons que le rhythme par rapport à l'infini du temps.

Avant de choisir les notes spéciales qui doivent former sa mélodie, le compositeur, comme un peintre qui fait sa palette avec les couleurs qu'il veut employer, est obligé de choisir un ton, c'est-à-dire une famille de notes, qui devient la matière sur laquelle il opérera. D'où provient cette nécessité du ton, de ces ensembles, de ces groupes de notes issus chacun d'une souche différente mais unis entre eux par les liens de l'affinité ? Il doit y avoir certainement une cause physiologique d'où dépend le ton. On dirait que le tympan, ou si l'on aime mieux, les fibres nerveuses, ayant commencé à être ébranlées dans un certain sens, ne veulent pas être contrariées par des mouvements opposés. N'avons-nous pas vu en effet que certaines parties du système nerveux sont mises en vibration par les sons accessoires des sons principaux? Il en résulte que la sensation est cantonnée dans une partie de l'oreille dont les différents nerfs vibrent presque tous à la fois mais plus ou moins fortement.

La modulation, c'est-à-dire, le changement de ton n'est qu'un accident, une contrariété qu'on fait éprouver à l'oreille pour qu'elle désire plus vivement le retour au ton.

Changer sans transition la tonique, c'est passer à tout un système de vibrations plus rapides ou plus graves et ce changement fait souffrir l'oreille jusqu'à ce qu'elle ait pour ainsi dire pris l'habitude de vibrer dans un autre sens. De là cette règle, qu'il faut préparer ce changement par une succession de certains intervalles qui amènent graduellement une tension de fibres différentes, ou des mêmes fibres dans un autre sens.

Il est facile de comprendre que chaque note de la gamme peut devenir tonique, c'est-à-dire, commander à un groupe de notes qui émanent d'elle, qui sont avec elle dans un certain rapport de subordination. A leur tour, ces groupes, ces familles de notes qu'on appelle *tons*, sont soumis les uns aux autres par certaines lois sont apparentés entre eux comme les couleurs principales avec les couleurs complémentaires, de telle façon, qu'on passe d'un ton à un autre en faisant entendre à l'oreille les tons intermédiaires, comme en peinture on gradue et l'on fond les couleurs en évitant de les juxtaposer.

Essayons de mieux faire comprendre encore ce qu'il faut entendre par tonalité.

La gamme, ainsi que nous l'avons vu, pouvant être considérée comme une échelle, on peut dire que les tons ne sont que les degrés successifs d'un escalier, sur lesquels cette échelle peut être posée. En d'autres termes, les tons ne sont autre chose que des gammes avec des bases à diverses hauteurs. Or comme nous avons distingué deux gammes, deux échelles de sons, de structure très-différente, la majeure et la mineure, nous savons dès à présent qu'il doit y avoir deux grandes classes de tons, qui constituent des modes, le mode majeur et le mode mineur.

Ceci étant rappelé, nous nous bornerons à constater que le mode mineur, soit parce que la sensation est moins claire, moins naturelle, un peu douloureuse peut-être, les deux parties de la gamme étant moins bien proportionnées, soit par tout autre motif qu'il n'est pas donné de pénétrer, produit un effet incontestable de tristesse sur l'homme, et ce qui prouverait qu'il s'agit d'une action sur l'organisme, cet effet est appréciable même chez les animaux.

Cette différence remarquable entre ces deux modes quant à l'impression qu'ils produisent repose entièrement sur la structure de leur gamme. C'est pour cela que les modes musicaux changent selon les pays, selon les nécessités ou les habitudes physiologiques qui ont fait choisir à un peuple certaines gammes plutôt que d'autres. Les Arabes qui ont 18 degrés de la tonique à l'octave, et les Indiens qui en ont 22, sont probablement insensibles aux charmes de notre musique, comme nous aux charmes de la leur. Il est à supposer que si nous avions encore des gammes différentes en dehors de nos gammes majeure et mineure, l'art s'enrichirait d'une foule d'effets nouveaux ou perdus. La musique antique avait des modes très-nombreux, et s'il faut en croire les anciens, d'une action très-puissante sur la sensibilité. Le plain-chant avec ses huit modes a gardé pendant longtemps la tradition de l'antiquité. Les modernes en ont pris deux seulement, les plus faciles, les plus distincts, les mieux caractérisés. C'est sur ces deux modes que repose toute la musique actuelle.

Très-différents l'un de l'autre, ils agissent énergiquement sur la sensibilité mais dans un sens opposé, et produisent, l'un un sentiment marqué de bien-être, de clarté, de plaisir, de lumière, l'autre de malaise, de demi-obscurité. On peut dire, en quelque sorte, que le ton mineur n'est que l'ombre du ton majeur, et ne sert qu'à mieux accuser son relief et son éclat.

De cette différence essentielle des deux modes, on ne saurait conclure que chaque ton doit produire des impressions morales distinctes, et servir de signe à des sentiments déterminés. C'est cependant une opinion généralement répandue : ainsi le ton de *mi bémol*, selon les uns, correspond au sentiment religieux ; celui de *ré mineur* à la mélancolie ; de *sol majeur* au courage guerrier ; de *fa mineur* au pathétique ; de *ré majeur*, à la joie, etc. Ce sont là des subtilités dignes de l'Orient qui a inventé le langage des fleurs. Certainement, le ton dans lequel est écrit un morceau, comme la gamme des couleurs dans un tableau importe au caractère général de l'œuvre : de même qu'un motif peint dans une gamme claire, éclatante, ne produira pas le même effet que si l'artiste avait employé des couleurs sombres et éteintes, de même aussi un morceau écrit dans un ton aigu aura un caractère qu'il perdrait dans un ton plus grave. Nous avons déjà remarqué que les notes graves produisent une impression tout autre que les notes élevées, impression moins nette, un peu effrayante même parce qu'elles sont comme la manifestation d'un mouvement plus lent de la matière, qu'elles nous font voir douée d'une vie latente, tout à fait différente de la vie telle que nous avons l'habitude de l'apercevoir.

Il suit de là, naturellement, que tous les tons graves, comprenant un ensemble de notes plus graves que les autres, sont tristes et plus sombres que les tons aigus qui correspondent aux couleurs vives et gaies, à cause de l'activité qu'ils impriment par leurs vibrations rapides à la sensibilité.

La tonalité n'est, au fond, qu'un ensemble de vibrations plus ou moins rapides dans de certaines proportions. Si nous comparons ce mouvement particulier des tons à cet autre mouvement du rhythme, tout l'avantage comme puissance restera au dernier. Les vibrations qui caractérisent la tonalité sont si rapides qu'elles échappent à la conscience, et restent des sensations, tandis que le rhythme, en précipitant les impressions, transporte le mouvement dans le domaine du sens intime, et en double par conséquent l'effet.

Cette base commune au fond, du rhythme et de la tonalité, établit pourtant un certain rapport entre ces deux éléments si différents en apparence. Un mouvement très-rapide et un rhythme sautillant n'iront pas avec un ton mineur et grave : les perceptions seraient embrouillées, confuses. Quand je vois la contre-basse entre les mains de Bottesini, aborder les variations les plus rapides, malgré le talent admirable de l'artiste, s'il ne joue pas constamment près du chevalet, c'est-à-dire dans les tons aigus, je ne puis m'empêcher de songer à un vieillard asthmatique qui s'essouffle à courir. Les instruments graves ne doivent se permettre que des chants larges et lents, tandis que dans les instruments aigus la musique prend une allure ailée et rapide. La petite flûte, par exemple, qui se tient toujours dans les registres élevés, ne pourrait jouer un adagio : il lui faut des triples-croches, des traits qui éclatent comme une gerbe de fusées, des coups d'aile, des gazouillements d'oiseaux ....

En résumé, nous le répétons, si l'emploi des divers tons n'est pas indifférent pour le caractère de l'œuvre, on ne saurait pourtant attribuer une signification spéciale à chaque ton, surtout une signification morale. Ce qui est incontestable et bien tranché dans le mineur et le majeur, ne saurait s'appliquer aux tons respectifs de ces deux modes. Ce qui est vrai du mode ne l'est pas des tons dans chaque mode.

Le ton joue, par rapport à l'ensemble du motif musical, le même rôle à peu près que le timbre par rapport au son. C'est la couleur d'un morceau, la disposition de la lumière qui en éclaire les différentes parties. Le passage d'un ton dans un autre, la modulation, servent à mieux caractériser les thèmes différents entre eux, et les musiciens coloristes savent tirer un merveilleux parti de l'emploi ingénieux des différents tons pour nuancer richement leurs œuvres et éviter ainsi la *monotonie* qu'on n'a pas faite sans raison synonyme de l'ennui.

Le ton n'étant donc que la couleur, le changement de tonalité pour un morceau peut être effectué sans rien déranger à la succession des notes entre elles, ni au dessin du rhythme. En écrivant la mélodie dans un autre ton, on en modifie certainement beaucoup l'effet, mais on n'altère pas son essence, sa structure, les traits qui la caractérisent. C'est comme le même motif de tableau qu'on peut peindre en changeant les couleurs ou même dessiner, ou graver, et qui reste toujours reconnaissable à tous les yeux. De même on chantera : *Au clair de la lune*, en commençant par la note la plus grave ou par la plus aiguë, dans le mode majeur ou mineur, sans que l'auditeur cesse un instant de reconnaître l'air.

CHAPITRE IV

LA MÉLODIE

Avec la tonalité, et il faut comprendre sous ce nom le rapport successif des notes entre elles dans un même ton, en même temps que la subordination des tons, nous sommes maintenant en possession de tous les éléments qui constituent la mélodie.

Descendre ou monter au hasard les degrés d'un clavier, se jouer arbitrairement à travers l'échelle des sons musicaux, ne constitue pas une mélodie. Il faut une suite, un enchaînement, une durée façonnée qui forme des figures dans le temps, une ligne pour ainsi dire qui circonscrive l'espace illimité des sons. Certainement, nous éprouvons du plaisir à des accords harmonieux même détachés, sans suite; mais l'oreille, l'appareil nerveux seuls sont flattés. Ces impressions trop vagues, trop indéterminées nous sont bientôt pénibles : il nous faut des formes qui se détachent sur cette étendue, et auxquelles l'esprit puisse s'arrêter. Il nous faut une création plus empreinte d'intelligence humaine, où les lois de la matière dominent moins, une création plus artistique en un mot.

Dans un paysage aux vastes horizons de plaines, l'œil se perd ne sachant où se prendre. Pour que l'impression soit vive, agréable, pour qu'elle ne s'efface pas, il faut à cette vue une bordure de montagnes, des silhouettes de rochers, en un mot des formes précises qui frappent l'imagination et s'impriment en elle. Par rapport au monde immense des sons, dans cette vibration infinie qui est un des aspects de la matière il faut que l'oreille puisse s'attacher à des formes circonscrites, déterminées, et c'est la mélodie qui les donne.

La mélodie est un assemblage de rhythme et de sons de diverses hauteurs étroitement unis dans le temps, affectant une forme régulière, symétrique, pour ainsi dire architecturale. Toute mélodie se compose en effet au moins de deux parties à peu près semblables quant au dessin, du même nombre de mesures environ, qui s'équilibrent et se font pendant pour former un tout compact, fortement uni. La première partie est comme la thèse, les prémisses et la dernière comme la conclusion : la première partie ne doit donc pas finir sur la tonique, car elle formerait un tout qui se suffirait à lui-même, mais elle doit se relier à la suivante par cette nécessité d'une conclusion. Dans l'air naïf qui nous sert de pierre de touche, cette régularité est frappante : la première partie de la mélodie finit à « *Je n'ai plus de feu* » et pour plus de simplicité la dernière partie n'est que la répétition de la première phrase.

La mélodie est le produit essentiel de l'art, de la conception de l'homme, elle n'a nulle part d'analogue dans les choses extérieures, c'est l'*idée*, introduite au milieu du vaste monde des sons. L'intelligence humaine fait un choix dans ces formes infinies de la nature, elle les marque de son sceau, elle les façonne régulièrement, elle se les assimile par le travail de l'art, et fait apercevoir l'ordre et la proportion, c'est-à-dire les lois de l'esprit humain lui-même, réunies, condensées, matérialisées dans une forme perceptible.

La mélodie est à proprement parler toute la musique. L'harmonie sans elle, reste quelque chose de vague et d'indéterminé. Cependant on retrouve dans la mélodie, dans les *sons émis successivement*, les grandes lois qui président à l'harmonie, à la simultanéïté des sons, à leur consonnance. Les sons ne peuvent en effet se produire successivement que dans les conditions voulues par la constitution des accords, et à ce point de vue la mélodie n'est qu'une harmonie plus libre, successive, avec du mouvement.

La mélodie, nous l'avons déjà dit, se meut dans le ton, dans les différentes gammes dont elle doit reproduire les intervalles principaux qui sont comme les points de repère, les grandes assises sur lesquelles elle construit son édifice varié. Plus l'art est dans l'enfance, moins il ose s'affranchir de ces lisières, quitter les solides intervalles de quarte, de tierce et de quinte, et moins à plus forte raison il ose faire des excursions en dehors du ton dans les tons limitrophes, c'est-à-dire moduler. Il en est de même pour le rhythme ; à l'origine de l'art les durées des notes sont égales, ou presque égales, les phrases sont courtes et le retour du même dessin a lieu après deux ou quatre mesures au plus : la régularité est presque géométrique. Cette symétrie plus large, moins accentuée, qu'on appelle la période y est encore inconnue.

Cette grande simplicité de l'ancienne musique, cette naïveté du faire, cette pauvreté de moyens, nous semble aujourd'hui de la sécheresse et de l'aridité : l'enchaînement des tons de la gamme y est trop rigoureusement respecté, l'art est lié et n'a pas cette liberté d'allures, ce mouvement vif et inattendu des mélodies modernes. Il n'y a pas d'imprévu : l'air à peine commencé, le rhythme ébauché, on voit comment il va se poursuivre et comment il va se terminer : pas de ces surprises de détour de ces perspectives nouvelles qui s'ouvrent tout à coup devant l'auditeur : c'est le jardin classique, aux allées coupées à angles droits et soigneusement peignées, aux arbres rasés de frais, où l'œil embrasse tout l'ensemble, le jardin français au lieu du parc romantique qui dans sa savante ingénuité cherche à imiter la nature.

La musique française a toujours conservé ces traditions du classique, du symétrique, du compassé, l'art plus libre, plus varié, plus abondant vient du Nord. Pour ne parler que de la mélodie, comparez nos plates romances aux *lieder* originaux de Schubert, de Mendelssohn ou de Kücken ! Vous croyez voir, comme je l'ai déjà dit, les parterres de Versailles à côté du désordre réfléchi d'un beau jardin anglais.

Malgré le grand nombre des éléments que nous avons distingués dans la mélodie, malgré le travail que l'arrangement, la combinaison de ces éléments suppose, on aurait tort de s'imaginer cependant qu'il faille absolument de la science pour composer un air. Ces combinaisons de rhythmes et de sons qui semblent si compliquées à l'analyse se trouvent naturellement, sans effort, sans travail souvent, à tel point que des natures incultes des paysans peuvent imaginer de charmantes mélodies. Nous en trouverions de nombreux exemples dans la véritable musique populaire, dans les chansons des campagnes : du reste, tout le monde sait que la mélodie qui n'existait pas primitivement dans ces déclamations notées qu'on appelait *tragédies lyriques*, y a été introduite plus tard par imitation des chants populaires.

L'imagination musicale enfante donc des thèmes selon des lois dont elle n'a pas conscience. Cette combinaison qui semblerait devoir être si laborieuse se fait la plupart du temps, je le répète, presque à l'insu de l'artiste, comme se fait l'organisation du fœtus dans le ventre de la mère, comme s'accomplissent toutes les grandes fonctions de la vie, qui n'en sont pas moins compliquées pour cela.

Cette création de premier jet si inconsciente qu'on la met en dehors de l'homme, et qu'on l'appelle inspiration, se retrouve dans la plupart des arts : de petits pâtres en sculptant du bois, ou en modelant de l'argile, ont révélé souvent un grand sentiment d'artiste, par des productions qui étaient certainement des œuvres d'art, mais d'un art naïf promettant un développement plus complet.

Le mélodiste d'instinct se révèle plus facilement encore parce que l'art musical n'ayant rien à faire avec l'imitation, satisfait plus aisément le goût qui n'a pas besoin pour être contenté de comparer l'œuvre de l'artiste avec celle de la nature, comme dans les arts du dessin.

Il ne faudrait pas conclure de là que la science ou l'éducation du goût sont inutiles pour trouver de belles mélodies et originales, ce serait un paradoxe par trop criant. Tout ce que nous voulons dire, c'est que sans cette faculté naturelle qui est l'imagination musicale, la science et le goût ne produisent jamais le beau. On peut devenir harmoniste et musicien savant, mais on naît *mélodiste*.

CHAPITRE V

HARMONIE

La mélodie, nous venons de le voir, est composée de notes qui se succcèdent les unes aux autres avec un certain mouvement. Or, on peut envisager les sons autrement que dans leur succession artistement ordonnée ; on peut les considérer lorsqu'ils sont émis simultanément, ce qui produit pour l'oreille tout un autre ordre de sensations. Cette agglomération de sons, qu'on appelle un accord, forme un ensemble distinct des différents sons qui le composent, comme des fleurs réunies en bouquet offrent un autre caractère que celui qu'elles avaient, considérées isolément. Il y a même là, dans les sons de l'accord, quelque chose de plus, comme un composé chimique, qui ne conserve souvent aucune propriété des éléments qui l'ont formé.

Les lois de la combinaison des sons entre eux se fondent sur le phénomène particulier de la résonnance, dont nous avons déjà parlé.

Nous avons dit, en effet, qu'un son quelconque étant émis, il y a dans l'air des particules accessoires qui s'ébranlent pour ainsi dire sympathiquement ; l'oreille perçoit alors, d'une manière confuse, plusieurs autres sons très-faibles : tierce quarte, quinte, etc. ; c'est ce qu'on appelle les harmoniques, qui sont comme une émanation du son principal. L'art, ou mieux la science, s'empare de ces sons presque imperceptibles, en augmente l'intensité, les accentue, les rend sensibles à l'oreille et les fait entendre aussi distinctement que le son principal. Ce sont leurs diverses combinaisons qui constituent l'harmonie. Ainsi considérés, les accords qui accompagnent un thème ne sont qu'une riche expansion de la mélodie, un développement luxuriant du motif.

Nous laisserons à l'acoustique le soin de démontrer que les lois de la consonnance sont basées sur des proportions mathématiques de la plus rigoureuse exactitude et qu'il n'y a d'accord qu'entre des vibrations qui se rencontrent à des intervalles réguliers, et qui, hors de là, se développent parallèlement les unes à côté des autres; nous remarquerons seulement que l'accord, ce renforcement des sons accessoires, cette perception augmentée, est une jouissance très-vive pour l'oreille, qui vibre dans une plus grande étendue, et dont les vibrations ayant lieu dans le même sens deviennent plus fortes sans se contrarier. C'est ce qui n'a pas lieu quand on assemble des sons qui ne naissent pas naturellement les uns des autres. Il y a alors contraction douloureuse du tympan, à cause du mouvement irrégulier des fibres qui vibrent à contre-sens. Dans ce cas, il se produit sur la matière organisée de l'oreille, un effet analogue à celui qu'on peut remarquer sur le violon, dont le bois tremble à en éclater, lorsqu'on soutient deux notes qui jurent d'être accouplées ensemble : un accord de seconde, par exemple.

Cette impression presque douloureuse, produite par

des sons qui ne s'accordent pas naturellement entre eux est utilisée par la musique comme condiment de la sensation, sous le nom de *dissonance*. C'est un moment de souffrance qu'on impose à l'auditeur pour lui faire désirer et mieux apprécier la sensation calme et pleinement satisfaisante d'un accord harmonieux qui suit.

Il n'y a donc, à proprement parler, d'accord que l'accord consonnant. Lui seul peut être accepté comme un tout fini en lui-même, tandis que l'accord dissonant n'est qu'une transition, une planche jetée entre deux consonnances pour aller de l'une à l'autre, planche pourrie le plus souvent, et sur laquelle on se hâte de passer.

Ainsi la dissonance n'est qu'une supercherie, mais une supercherie qui a son analogue dans tous les autres arts, pour mieux dire, c'est un contraste. Si l'on veut lui conserver son effet, il ne faut pas la prodiguer. Tous ces artifices, en général, qui, employés sobrement sont du meilleur aloi, ne produisent plus, par leur exagération, que de la fatigue et du dégoût. Dans le principe, la musique usait rarement des dissonances, de là ce caractère simple et clair des vieux compositeurs. Ceux-ci même, très-modérés dans l'usage des consonnances, n'asseyaient leurs compositions, la plupart du temps, que sur deux ou trois accords, pas davantage, comme les peintres de la même époque n'employaient que quelques couleurs. C'est cette simplicité de moyens qui constitue la naïveté. Qu'un compositeur moderne veuille imiter un vieux chant, il fait sa mélodie avec le plus petit nombre de notes possible — voyez la sobriété des moyens employés dans *Au clair de la lune*, — et il l'accompagne avec des accords consonnants, deux ou trois tout au plus. De même si un peintre a l'intention d'imiter la peinture archaïque, il se servira seulement de deux ou de trois couleurs : rouge bleu et jaune, qu'il emploiera presque crues, comme faisaient les artistes primitifs.

Les modernes sont loin de cette simplicité. Il ne faut pas s'en plaindre, puisqu'ils ont élargi le domaine de nos jouissances artistiques. Mais certains compositeurs, pour se faire un nom par leurs audacieuses tentatives, sont allés si loin dans l'usage de ces épices, qu'on ne sait vraiment plus où ils s'arrêteront. Ils sont partis de ce principe qu'en osant, on habituerait l'oreille aux combinaisons de sons les plus désagréables, et l'on finirait par lui faire accepter toutes sortes de dissonances. Il faut reconnaître qu'en effet, l'habitude est pour beaucoup dans le plaisir qu'on éprouve à entendre certaines espèces d'accords, et que les œuvres de Mendelssohn ou de Schumann offenseraient singulièrement le goût des anciens admirateurs de Lulli ou de Grétry. L'harmonie s'adressant surtout à l'organe matériel, un accord consonnant ou dissonant pouvant être très-bien comparé à une saveur douce ou forte, on comprend qu'on habitue l'oreille à des combinaisons de sons analogues à l'alcool ou à la fumée de tabac pour le goût. D'après le succès de certaines tentatives, qui pourrait assurer qu'un jour nous n'arriverons pas à prendre plaisir à ce que nous appelons maintenant d'horribles charivaris ? C'est cette intuition qui a porté sans doute Wagner à donner à sa musique le nom de musique de l'avenir.

L'harmonie est la partie scientifique de l'art musical ; elle pourrait même occuper une place entre l'arithmétique et la géométrie, la science des nombres et la science des grandeurs. L'accord se trouve la plupart du temps par un procédé, et n'éclôt pas spontanément dans l'imagination du musicien, comme un trait de chant. Nous ne voulons parler que des accords compliqués, de ces combinaisons savantes, de ces ragoûts réfléchis que nous servent les maîtres-queux de l'art, car pour l'harmonie simple non relevée de dissonances, elle est presque aussi naturelle que la mélodie. Il n'est pas rare, en effet, de voir des pianistes qui ne connaissent rien de la composition, trouver des accords et accompagner instinctivement un chant. L'harmonie étant basée sur la résonnance de la matière, notre corps lui-même doit subir ces lois, il n'est donc pas étonnant que nous en ayons comme une conscience obscure. Ce qui, du reste, suffirait à le prouver, c'est qu'après le travail du savant, du contre-pointiste, après ses combinaisons cherchées, notre oreille, du premier coup, se pose comme juge de la légitimité des accords avec autant de sûreté que ferait notre palais pour la sauce la plus savante et la plus compliquée.

Les mêmes règles que nous avons reconnues dans le chapitre de la tonalité, pour la succession des sons, se retrouvent dans l'harmonie pour la succession des agglomérations de sons qu'on appelle les accords. Ainsi les notes émises simultanément sont subordonnées à la note la plus grave qui est la fondamentale, la tonique. — Mais nous ne nous appesantirons pas sur ces notions qui appartiennent à la technique de l'art.

Nous en avons assez dit pour qu'on puisse comprendre maintenant le lien qui unit l'harmonie à la mélodie. Tandis que la mélodie est la musique en mouvement la vie, la forme, l'harmonie est la musique au repos, symétrique, basée sur des lois scientifiques de proportion, une espèce d'architecture enfin par rapport à la mélodie qui serait un dessin. Tandis que la mélodie existe par elle-même, l'harmonie n'est qu'un moyen dont on doit se servir pour mieux accentuer la forme mélodique. C'est comme l'ombre qui met en relief le trait. Certainement une succession d'accords sans mélodie appréciable est souvent agréable en elle-même, comme on peut faire voir à l'œil un bel assemblage de couleurs sur une palette sans un dessin qu'elles recouvrent, mais c'est là une production à peu près en dehors de l'art proprement dit, puisqu'elle manque de l'unité, du lien essentiel. Pour qu'elle acquière ce caractère d'une œuvre d'art, il faut qu'à cet enchaînement des accords entre eux, selon les lois de la tonalité, s'ajoute le rhythme. Alors l'accord peut être considéré comme une unité composée sur laquelle on agit comme sur une unité simple en la faisant servir à construire un chant. On a dans ce cas de l'harmonie mélodique. C'est avec une telle harmonie que sont écrits les chœurs.

Tandis que le compositeur ordinaire se borne à trouver sa mélodie et à l'habiller ensuite plus ou moins richement d'harmonie par des procédés empruntés presque exclusivement à la science : le compositeur de génie au contraire a dans la tête comme un cerveau-orchestre : Il invente tout à la fois mélodie et harmonie. Il combine en même temps par une conception spontanée les deux effets pour l'impression qu'il veut produire. Son œuvre est à tel point une, l'harmonie s'y fond si bien avec la mélodie, qu'on ne peut les séparer par le souvenir et donner l'idée d'un passage de cette musique, si l'on n'a pas plus d'un instrument à sa disposition. L'œuvre est sortie pour ainsi dire tout organisée, complète, du cerveau de l'auteur comme Minerve de la tête de Jupiter.

Parfois l'harmonie suit le chant, et renforce la mélodie. Ce n'est alors qu'une seconde mélodie elle-même qui a pour but de faire ressortir la première et de lui prêter plus de force et de relief en dégageant et en accentuant tous les éléments qu'elle contenait à l'état latent. Ce procédé est ce qu'on appelle généralement le contre-point. L'oreille éprouve un plaisir tout particulier à suivre ces deux dessins mobiles qui se courent l'un après l'autre, sans jamais se heurter, et les compositeurs trouvent des ressources infinies dans ce procédé pour varier les effets de la musique et pour enrichir son harmonie. Mais ils doivent se garder d'un écueil, celui de sacrifier l'inspiration à ces moyens qui souvent sont du ressort de la science seule et qui rendent la musique froide et lourde lorsqu'ils sont employés pour eux-mêmes et non pour mieux faire ressortir une idée.

Où l'harmonie est le plus fréquemment employée, c'est à accompagner simplement la mélodie, c'est-à-dire à la mettre en relief, à lui donner plus d'expansion, des formes plus riches et plus vivantes, en groupant sous les notes des accords. Avec ses voix nombreuses qui semblent autant d'échos des sons simples de la mélodie, l'harmonie est alors comme l'expression multipliée de la même idée sous mille formes différentes. Elle évoque, autour de la mélodie, le monde infini des esprits de la matière, tout l'immense cortége des sons dont le chant, l'air, n'est qu'une faible partie façonnée par l'homme, appropriée plus spécialement aux lois de son organisme et de son intelligence. Tandis que la mélodie ne donne qu'une forme précise, mais souvent sèche et nue, l'harmonie est l'atmosphère qui baigne cette forme, le ciel bleu sur lequel elle se profile, le paysage tout entier qui lui sert de cadre, la couleur, la lumière.... Mais il ne faut pas oublier que par suite de son indétermination même, elle doit se subordonner à la mélodie, à l'œuvre d'art proprement dite qu'elle a principalement pour objet de mettre en relief, de faire valoir, comme le coloris fait valoir le sujet ou la composition d'un tableau. Mais souvent aussi elle déborde le thème, elle l'envahit et le relègue au second plan. Elle forme un tout avec la mélodie qui n'est alors qu'un trait plus fortement indiqué de l'ensemble, comme entre les mains d'un peintre coloriste, le sujet peut devenir simplement un prétexte à des combinaisons savantes de couleurs.

DEUXIÈME SECTION

EFFETS DE LA MUSIQUE SUR L'HOMME

CONSIDÉRÉ COMME ÊTRE SENSIBLE ET INTELLIGENT.

CHAPITRE VI

LA MUSIQUE ET LA SENSIBILITÉ PHYSIQUE

Nous avons étudié séparément le son en lui-même, la tonalité, la mélodie, l'harmonie, tout ce qui, en un mot, constitue l'œuvre d'art. Si nous faisons maintenant la synthèse de ces divers éléments, nous avons ce qu'on appelle la musique.

Après avoir cherché à déterminer le rôle, l'importance de chacune des parties que nous venons de nommer et leur influence respective sur l'homme, il nous faut maintenant envisager l'art complet, mélodie et harmonie, et chercher quel est son but, à quoi il tend, dans quelle sphère d'action il se meut, quelle est enfin son essence.

Pour cela il s'agit de voir d'abord à quelles facultés il s'adresse, et quels sont ses rapports avec elles.

§ 1.

La philosophie a souvent le tort de séparer l'homme en deux parties tout à fait distinctes : d'un côté la matière, de l'autre l'intelligence.

D'abord il est très-difficile de pouvoir déterminer exactement en quoi l'une diffère de l'autre si on les examine au fond. Quand la réflexion nous montre la matière divisible à l'infini et infinie dans l'espace, il faut avouer que ce sont là des caractères qui la rapprochent singulièrement de ce que notre intelligence peut comprendre de l'âme. Disons donc que la matière est une force au même titre que l'esprit, sans chercher à nous rendre compte, ce qui dépasse peut-être les bornes de l'intelligence humaine, de ce qu'il faut entendre par une force.

Quant à l'homme, au lieu de le couper en deux, de mettre partout deux sphères d'action bien distinctes et de les classer hiérarchiquement, n'oublions jamais, quand nous séparerons ce tout multiple pour l'étudier plus à notre aise, que les différentes parties dont il est composé concourent toutes au même but, la vie, et que l'intelligence ne peut les isoler que par un procédé arbitraire et sans réalité.

On distingue généralement deux espèces de sensibilité : la sensibilité physique, à laquelle correspond la *sensation*, et la sensibilité morale à laquelle correspond le *sentiment*. Hâtons-nous de dire encore une fois que cette division tranchée n'est qu'un procédé de l'entendement pour classer deux ordres de phénomènes qui dans le fait se supposent l'un l'autre, ou du moins sont intimement liés.

C'est de la sensibilité physique que nous allons nous occuper d'abord, dans ses rapports avec la musique.

Le son, nous l'avons vu, n'est que la manifestation de la matière dans son essence. Le mouvement qui existe dans les corps sonores se transmet à l'air et de l'air au système nerveux, lequel n'est qu'une matière rendue plus apte à la vibration, et ce mouvement perçu par l'oreille s'appelle le son.

Du reste, ce que nous observons pour l'oreille peut être observé également pour tout autre organe. Tous les phénomènes du monde sensible, tout ce que nous appelons *perceptions*, se ramène à un mouvement vibratoire de différentes fibres nerveuses, dont la composition intime suffit pour produire des sensations différentes. Ces fibres sont comme les chaînes qui mettent en communication le monde extérieur, avec le monde intérieur, avec l'âme. La lumière, l'odeur, la saveur, le son, les sensations du toucher, ne sont au fond que des vibrations, des ébranlements de la matière. Cette action dynamique du monde extérieur se résumant ainsi en vibrations pour l'homme qui n'est, on peut le dire, qu'un instrument à cordes nerveuses, constitue la vie dans son essence première, car la vie n'est autre chose que le mouvement.

La vibration, mouvement essentiel de la force, se trouve donc partout plus ou moins apparente, aussi bien dans le minéral où elle s'exerce de molécule à molécule, que dans l'être organisé. D'ordinaire, en dehors du son, elle n'est guère pour nous qu'une conception abstraite, mais il est certain qu'elle pourrait être perçue directement comme son par l'organe auditif, s'il était assez subtilement organisé. Les pierres, les plantes, les animaux, doivent rendre des sons. Si vous mettez l'oreille contre la cavité de l'estomac, vous entendez les battements du cœur produire un son assez distinct pour qu'on ait imaginé un instrument qui, en renforçant ces vibrations, donne le ton des différents animaux, le degré d'activité de leur organisme, variable selon les espèces, selon la santé ou la maladie; en un mot, *le son de la vie*.

L'intelligence humaine avait du reste depuis longtemps la connaissance instinctive de cette vérité qu'elle avait déposée dans une métaphore usuelle : *donner du ton au corps*, c'est-à-dire augmenter la vie, le degré d'activité de l'organisme. D'où toute une classe d'aliments ou de remèdes qualifiés de toniques, parce qu'ils activent la circulation du sang ou donnent plus de force à la matière nerveuse.

En effet, les faisceaux nerveux se croisant les uns sur les autres, forment dans tout le corps humain une enveloppe, un tissu dont les mailles plus ou moins serrées constituent le *ton*. Or, selon les impressions, les mailles de ce tissu s'étendent ou se resserrent, et ce ne sont pas seulement les nerfs directement ébranlés qui subissent des modifications, mais ceux mêmes des derniers faisceaux auxquels se transmet la vibration. Les nerfs de l'oreille en particulier communiquent directement avec tous les autres. De là ces effets d'horripilation, ces frissons dans le dos, dans le cuir chevelu, ces chatouillements, ces constrictions de l'épigastre, tous ces phénomènes nerveux si variés qu'on éprouve à l'audition de certaine musique.

Ainsi la vibration musicale, n'est qu'une façon particulière de percevoir cette vibration universelle, cette musique de la vie qui anime tous les êtres et tous les corps, depuis le plus infime jusqu'au plus élevé. A ce point de vue, l'art musical peut être appelé l'art par excellence de la sensibilité, parce qu'il règle ce grand phénomène, la vibration, dans lequel se résument toutes les perceptions extérieures, parce qu'il le rend accessible dans son essence même à l'intelligence, en le transportant du domaine inconscient où il se trouvait caché, dans le domaine de la conscience, grâce à un organe spécial, affiné, exquis, l'oreille qui en reproduisant ce phénomène le change en impressions. Dès ce moment, la sensibilité devenue consciente, assiste au développement régulier de sa propre vie, au spectacle de son activité, et devient pour elle-même un sujet de jouissance.

Mais quittons ces sphères abstraites pour chercher dans quels rapports cette vibration spéciale du son se trouve avec l'organe auditif, et comment elle agit sur l'appareil nerveux.

L'oreille, par les mille parties dont elle est composée, par son organisation délicate et compliquée, la plus curieuse peut-être de tout le corps humain, a un rapport direct avec les mouvements qu'elle est destinée à percevoir. Nous laisserons à la physiologie le soin de décrire cette membrane, si mince et si résistante à la fois, qui se contracte et vibre à l'impression du moindre son, cette caverne osseuse, où le plus faible ébranlement de l'air se répercute, ces petits os de forme bizarre, l'*étrier*, l'*enclume*, le *marteau*, qui ont pour fonction de tendre ou de détendre le tympan, ces innombrables fibrilles nerveuses qui constituent comme un clavier infini correspondant à tous les sons, c'est-à-dire à toutes les vibrations venues du dehors; nous nous arrêterons seulement aux traits généraux de la perception.

L'intensité résultant de l'amplitude des vibrations des corps, nous est donnée par l'amplitude des vibrations nerveuses, la hauteur par la plus ou moins grande rapidité de ces vibrations, et le timbre par leur forme, ou mieux par l'ébranlement des fibres accessoires que les sons accompagnant le son principal mettent en mouvement.

Quand on songe que nous avons la sensation non-seulement de plusieurs notes émises simultanément, mais encore de différents timbres tout à la fois, il faut bien supposer que les vibrations des corps se transmettant à l'air, et de l'air à l'appareil nerveux de l'oreille, qui est comme le miroir du mouvement vibratoire extérieur, les lois de ce mouvement déterminées par l'acoustique, doivent s'appliquer directement à l'organe destiné à percevoir les sons.

Cette vibration complexe composée d'une foule de petits mouvements superposés, que les accords, les timbres, les nuances d'intensité impriment aux molécules gazeuses de l'air, se transmettra avec sa riche variété, aux fibrilles nerveuses de l'oreille qui ne semblent précisément si nombreuses que pour mieux se prêter à la reproduction de tous ces mouvements simultanés.

Quoiqu'il y ait là un phénomène physiologique pur, il faut reconnaître cependant que cette perception distincte de différents sons, surtout de leur hauteur, n'est acquise que par une longue éducation de l'oreille et par des comparaisons fréquentes. Il en est de même du reste pour les autres organes, pour l'œil, le palais, le nez, qui tous demandent à être instruits par des expériences souvent répétées.

Ce qui perfectionne tout d'abord l'oreille, et la prépare merveilleusement à son rôle, c'est l'habitude de comparer les sons du langage, beaucoup plus difficiles à distinguer que ceux de la musique, puisqu'ils sont séparés par des intervalles bien moindres. C'est par l'oreille qu'on apprend à parler : les sourds de naissance sont muets, personne ne l'ignore. Pour arriver à répéter les sons fugitifs qu'il a entendus, l'enfant doit astreindre son oreille, ou plutôt son intelligence à un long travail, à une comparaison, à une analyse incessantes. A la suite de cet exercice, on comprend que l'ouïe arrive singulièrement disposée pour la musique, et soit capable de distinguer les différents sons de la gamme moderne séparés par des intervalles autrement considérables que ceux des sons articulés.

Et cependant, malgré cette éducation élémentaire, par la langue, il n'en pas moins vrai que tout homme qui entend pour la première fois de la musique ne perçoit qu'un bruit confus. Il en est de même du reste pour l'œil qui bien que parfaitement instruit à mettre de l'espace entre les objets, dans la nature, ne distingue presque rien la première fois qu'il est en présence d'une œuvre d'art, d'un dessin ou d'un tableau.

A une oreille neuve il ne faut pas des sons émis ensemble, mais une succession de tons, des chants larges et forts. Les chansons de nos paysans ont toutes en général ces caractères. Une grande habitude est nécessaire pour percevoir distinctement deux sons seulement dans la plus simple consonnance. La plupart des gens du peuple qui entendent un duo ne sauront pas y remarquer deux sons différents, encore bien moins qu'ils ne sont pas à l'unisson. Il faut que deux notes soient séparées par un assez grand intervalle, pour qu'ils puissent dire que l'une est plus élevée que l'autre.

§ 2.

L'ouïe est l'organe spécialement destiné à percevoir les vibrations de l'air, et à les transformer en sons, comme l'œil transforme les vibrations de l'éther en couleurs. Mais le son en lui-même, en tant que mouvement vibratoire de l'air, au simple point de vue dynamique n'agit pas seulement sur l'oreille, il agit aussi sur le corps tout entier. Il ne faut pas négliger cette action mécanique, si l'on veut se rendre un compte exact de la puissance de la musique sur la sensibilité.

Nous sommes enveloppés complétement, comme par un vêtement, d'une masse d'air énorme dont on a évalué le poids à 16 300 kilogrammes. Ce vêtement élastique qui nous touche par tous les points, si nous le supposons en vibration doit faire ressentir son mouvement, non-seulement au tympan et aux nerfs de l'oreille, mais à tout le corps lui-même. Le son qui fait trembler la lumière des bougies et les vitres dans une chambre où l'on exécute de la musique, qui agite l'eau dans les vases, et qui met en mouvement les plaques minces de bois ou de métal doit avoir une action sur notre corps, principalement sur les parties les moins épaisses comme les tempes ou la cavité de l'estomac. La logique qui suffirait à établir ce fait est appuyée ici par l'expérience. Chacun a ressenti en effet, dans le voisinage d'une contrebasse, à chaque coup d'archet, une commotion à l'épigastre. A l'église, les sons des orgues vous ébranlent tout entier et vous remarquez distinctement contre les tempes, la vibration de l'air.

Les milliers de nerfs qui viennent s'épanouir à la surface reçoivent du son une impression tactile, et de la sorte, le corps dans sa totalité, peut être considéré jusqu'à un certain point comme un instrument que font vibrer intérieurement la vie et extérieurement les sons.

§ 3.

De tout ce que nous venons de dire il résulte que l'action de la musique sur le sensible, provenant du mouvement qu'elle imprime à une grande partie du système nerveux, peut être utilisée directement dans les affections si variées et si mystérieuses que la médecine range sous le nom commode de névroses.

De tout temps on a cherché dans la musique un agent de médication. Au moyen âge, on assurait déjà que l'épilepsie, la rage, les convulsions, l'hystérie, la fièvre nerveuse pouvaient être guéries par les sons. Tout le monde a entendu parler de cette singulière maladie qui régnait jadis, la danse de Saint-Witt ou de Saint-Jean. Cette névrose bizarre, en Italie avait pris le nom de *tarentule*. Les gens qui en étaient atteints, continuellement animés de mouvements convulsifs des jambes dansaient avec fureur jusqu'à ce qu'ils tombassent sur le sol. Ils ne pouvaient être guéris que par la musique (encore un argument pour l'homœopathie), et par une musique fortement rhythmée qui accrût le mouvement de la sensibilité et les excitât à la danse. Dans les pays où cette maladie affectait le caractère endémique, des troupes de musiciens ambulants parcouraient les villages pour offrir leur secours à ces singuliers malades, et les airs de danse excessivement rapides qu'ils leur jouaient sont restés dans la langue musicale sous le nom de *tarentelles*.

A notre époque la musique est utilement employée par les médecins aliénistes dans les affections du cerveau, pour calmer, rasséréner les malades.

Il faut reconnaître cependant que cette tradition qui date du roi Saül aurait pu recevoir un plus grand développement. On devrait organiser une thérapeutique musicale plus complète, dans le siècle où l'électricité est devenue un agent aussi habituellement employé par la médecine. Sans agir aussi directement peut-être sur l'organisme que le fluide électrique, il est incontestable néanmoins que la musique a une influence notable sur nous. Personne ne pourra contester en effet qu'elle ne produise différents degrés d'activité, nous l'avons suffisamment montré à propos du rhythme, et qu'il n'y ait une musique *excitante* et une musique *calmante*. Qu'on songe seulement aux effets si différents d'une berceuse ou d'un pas redoublé ! La musique lente, étouffée, aux modulations douces ralentit la circulation, repose, calme, endort. La musique rapide, violente, heurtée, fouette le sang, ébranle tout l'organisme, pousse à l'action. Certainement une telle musique ne conviendra pas à un homme qui a déjà la fièvre, ou dont le système nerveux est surexcité par la maladie. De même qu'on défend aux malades de cette catégorie les émotions violentes, on leur défendra la musique excitante qui agit sur la sensibilité comme les passions, qui donne de l'activité aux nerfs, au sang, qui influe sur la respiration, sur les mouvements des muscles.

Il est évident qu'au moyen d'un judicieux emploi de l'ébranlement des nerfs plus ou moins accentué par les rhythmes, avec les timbres d'un effet si différent dans les instruments à cordes et dans les instruments à vent, avec les tonalités, les dissonances ou les consonnances de l'harmonie, on pourrait obtenir des résultats excellents. Les maladies nerveuses n'étant qu'un désordre dans les fonctions des nerfs, dans leurs mouvements, il semble clair que la musique apportant précisément l'ordre et la régularité, l'harmonie dans ces mouvements, et pouvant les modérer ou les exciter à son gré doit plus que tout autre moyen être propre à guérir ces affections pour lesquelles du reste la science médicale n'a aucun spécifique certain. Puisque nous avons des homœopathes, des électriseurs, des magnétiseurs, pourquoi n'aurions-nous pas des *musicopathes ?*

Sur les enfants, — on sait qu'ils ont le système nerveux des plus excitables, — la musique agit aussi très-heureusement en développant leurs nerfs ou en les apaisant. Les rhythmes réguliers et la monotonie des chansons de nourrices produisent chez eux l'effet du balancement du berceau pour les endormir, au point même de le suppléer.

D'autres airs moins fortement rhythmés et moins monotones leur procurent une certaine agitation douce qui les réjouit et les fait comme s'épanouir. On peut citer l'exemple historique de Montaigne que son père faisait toujours éveiller au son de quelque instrument pour le tenir en sereine et joyeuse humeur.

La femme, plus nerveuse en général que l'homme, avec un corps plus lymphatique, plus vibratile par conséquent, est très-impressionnable à la musique, très-apte à subir l'action dynamique des sons, et, dans les cas particuliers où sa sensibilité nerveuse est plus développée; dans la gestation, par exemple, elle doit être encore plus accessible à ces influences. Si, comme on peut le soutenir, les impressions du beau, que la mère reçoit par la vue sont capables de façonner en quelque sorte son enfant, que ne dira-t-on pas de la musique qui agit d'une façon bien autrement énergique sur la sensibilité. Ne pourrait-on pas supposer que cette action presque mécanique imprimée par les sons à la matière nerveuse, si sensible, laisse des traces profondes dans l'organisme ? On trouverait peut-être là l'explication de cette transmission habituelle du génie musical à plusieurs générations de musiciens.

§ 4.

Mais l'homme n'a pas seul en partage un système nerveux ; par conséquent, il n'est pas seul soumis à l'action dynamique de la musique : tous les animaux doivent en ressentir les effets, bien qu'à un moindre degré parce que leurs appareils sensibles sont moins développés que les nôtres.

Une foule de contes d'enfants ont été faits relativement à l'action de la musique sur les animaux. L'antiquité seule fournirait matière à un long article sur ce sujet. Plutarque et Pline entre autres sont remplis de récits de cerfs émus au son de la flûte, de dauphins qui dansent sur les eaux, de bêtes féroces domptées par des chants, etc. Au moyen âge, on prétendait que chaque animal avait un instrument qu'il préférait : l'ours le fifre, le cygne la guitare, le cerf la flûte, les abeilles les cymbales, et les oiseaux en général le flageolet... Avant les découvertes et les études sérieuses de la science moderne, l'histoire naturelle n'était qu'un grand conte de fées, où chacun apportait de nouveaux faits plus extraordinaires les uns que les autres. Les anciens, qui n'avaient presque jamais observé directement la nature, accueillaient comme authentiques tous les récits des voyageurs, et plus tard les moines dans leurs cellules remplirent l'univers de toutes les créations de leur imagination exaltée par la solitude.

La véracité de la science est de date toute récente,

Chez Buffon lui-même, notre grand naturaliste, on trouve des histoires de nourrice : cependant les observations suivantes touchant l'influence de la musique sur certains animaux peuvent être encore citées comme assez exactes.

» L'*éléphant*, dit-il, a le sens de l'ouïe bon. Il se délecte » au son des instruments, et paraît aimer la musique. Il » apprend aisément à marquer la mesure, et à se remuer » en cadence, à joindre même quelques accents au bruit » des tambours et des trompettes. J'ai vu aussi quelques » *chiens* qui avaient un goût marqué pour la musique et » qui arrivaient de la basse-cour ou de la cuisine au con- » cert, y restaient tout le temps qu'il durait et s'en » retournaient ensuite à leur domicile ordinaire. J'en ai » vu d'autres prendre assez exactement l'unisson d'un » son aigu qu'on leur faisait entendre de près en leur » criant à l'oreille. On *chante* et l'on *siffle* presque conti- » nuellement les bœufs pour les entretenir dans leurs » travaux les plus pénibles ; et ils s'arrêtent, paraissent » découragés lorsque leur conducteur cesse de chanter » ou de siffler. »

En 1811 une expérience directe fut faite sur l'éléphant du Jardin des plantes, afin de savoir si vraiment il était aussi sensible à la musique que Buffon l'avait avancé. On lui donna un véritable concert. A un chant joué sur le violon il manifesta des signes de plaisir, mais il demeura complétement indifférent aux variations de ce même air. Un air de bravoure de Monsigny le laissa tout à fait insensible. Ce qui sembla lui plaire le plus ce fut « *Charmante Gabrielle* » joué sur le cor. Aux sons de cet instrument qui exerce un charme si puissant sur les oreilles humaines, il manifesta un contentement très-apparent, se balançant sur ses énormes piliers et poussant même quelques notes à l'unisson : parfois il allongeait sa trompe presque dans le pavillon de l'instrument et aspirant l'air il neutralisait le souffle de l'instrumentiste. Quand le morceau fut terminé il caressa plusieurs fois l'exécutant avec sa trompe comme pour le remercier.

En résumé, il fut constaté à la suite d'autres expériences que l'éléphant préfère les sons graves aux sons aigus, la mélodie à l'harmonie, les airs simples aux airs chargés de notes, et les adagios, aux mouvements rapides. On peut souhaiter ce goût musical à beaucoup d'individus de l'espèce humaine.

Nous citerons encore une expérience faite sur plusieurs autres animaux. Le curieux morceau qu'on va lire est extrait des mélanges de Vigneul-Marville (d'Argonne):

» Ceux qui prétendent qu'il est naturel d'aimer la
» musique et surtout le son des instruments, disent que
» les bêtes mêmes y sont fort sensibles. Un jour, j'exami-
» nai si cela était vrai m'appliquant durant qu'on jouait
» d'une trompette marine organisée (1), à considérer un
» chat, un chien, un cheval, un asne, une biche, des
» vaches, de petits oiseaux, un coq et des poules qui
» étaient dans la basse-cour au-dessous d'une fenêtre sur
» laquelle j'étais appuyé. Je ne remarquai point que le
» *chat* fût sensible au bruit de cette trompette, et je jugeai
» à sa mine qu'il aurait donné toute la symphonie et tous
» les instruments du monde pour une souris. Il ne donna
» aucune marque de joie et s'endormit au soleil. Le

---

(1) La trompette marine, qui a le privilége d'exciter le rire du parterre au Théâtre-Français, toutes les fois que M. Jourdain propose de l'introduire dans son divertissement musical, n'est point *ce qu'un vain peuple pense* et ce que son nom du reste semblerait indiquer, c'est un instrument à corde de la forme du violon,

» *cheval* s'arrêta tout court devant la fenêtre et leva la
» tête de temps en temps à mesure qu'il paissait l'herbe.
» Le *chien* se mit sur son derrière comme un singe tenant
» les yeux attachés sur le joueur d'instrument. Il demeura
» plus d'une heure en cette posture, et semblait y en-
» tendre finesse. L'*asne* ne fit paraître aucun signe de sen-
» sibilité mangeant ses chardons paisiblement : *asinus*
» *ad lyram*. La *biche* dressa ses grandes et larges oreil-
» les et parut fort attentive. Les *vaches* s'arrêtèrent un
» peu et après nous avoir regardés comme si elles nous
» connaissaient elles s'en allèrent leur grand chemin. De
» petits oiseaux qui étaient dans une volière et ceux qui
» étaient sur les arbres et les buissons pensèrent se cre-
» ver de chanter. Mais le *coq* ne pensant qu'à ses poules
» et ses poules qu'à gratter, ne nous firent pas connaître
» tous ensemble qu'ils prissent aucun plaisir à écouter
» une trompette marine. »

Pour compléter ces exemples, nous rappellerons que le cheval apprend facilement à se mouvoir en mesure et que les fanfares du clairon semblent l'exciter, mais il ne faut pas se dissimuler que c'est la partie matérielle de la musique, surtout le rhythme, le mouvement réglé des sons qui, pour la plupart du temps, fait sentir son influence aux animaux. Ainsi le claquement du fouet aux oreilles du cheval le fait avancer, moins comme on pourrait le croire parce qu'il lui rappelle les coups qu'il a reçus que par l'excitation nerveuse du bruit qu'il produit. Le cri même du charretier n'est qu'une manifestation rhythmique, un violent trochée, *hue dia*, ou un iambe vigoureusement accentué *haï donc* qui frappent comme un coup de fouet sur la bête qu'il s'agit d'enlever.

On pourrait ajouter aux animaux dont nous venons de parler un nombre assez considérable d'oiseaux tous trèsimpressionnables à la musique, ceux notamment auxquels on apprend à chanter : merles, linottes, chardonnerets, bouvreuils, serins, etc. Quant aux poissons et à l'araignée, qu'on a voulu donner comme mélomanes, nous attendrons que leur dilettantisme soit plus généralement reconnu.

Quand bien même toute espèce d'exemples manqueraient, il n'en serait pas moins vrai que la musique, envisagée au point de vue mécanique comme une vibration ébranlant le système nerveux, doit agir sur les bêtes comme sur l'homme. Ce serait à la physiologie comparée d'étudier l'organisation de l'oreille chez les différents animaux pour en conclure la manière particulière dont ils doivent percevoir les sons. Mais on peut dire dès à présent que, leur cervau étant moins développé, moins capable de relier les sensations et de les comparer, le plaisir qu'ils ressentent à entendre de la musique doit être très-vague parce qu'il est inconscient et qu'il demeure dans la sphère purement sensible, sans se mêler à des faits de l'intelligence. On pourrait soutenir que, sauf de rares exceptions, les effets produits par la musique sur les animaux sont moins la manifestation d'une jouissance que d'une certaine curiosité excitée par des impressions nouvelles et extraordinaires pour eux.

Même pour le système nerveux supérieur de l'homme, le plaisir de la musique serait bien peu élevé s'il se bornait à la sensibilité, s'il n'était autre chose qu'une titillation voluptueuse, une excitation analogue à celle que procure l'alcool ou le café. Ce serait alors un art tout au plus égal à celui qui a le chatouillement du goût pour objet, à l'art culinaire.

Cependant cette manière matérielle de comprendre la musique est, il faut malheureusement le reconnaître, celle de la majorité du public. L'art musical, et c'est là un caractère qui le distingue de tous les autres arts, chez lesquels les divers éléments qui les composent sont beaucoup plus étroitement unis, peut se borner à mettre en œuvre seulement quelques-uns de ses éléments, et ne se proposer pour but que de produire des sensations agréables. Le rhythme, cet ébranlement cadencé des fibres nerveuses, ne plaît-il pas par lui seul, n'est-il pas agréable alors même qu'on n'écoute pas? Réduite à sa plus simple, à sa plus grossière expression, la musique est goûtée du plus grand nombre. C'est ce qui a sans doute valu à cet art, dans l'opinion de certains esprits distingués épris de l'idéal, mais qui n'avaient pas regardé jusqu'au fond, cette réputation de sensualité et de matérialisme qu'il a longtemps conservé. « Les Italiens ne pensent plus depuis qu'ils chantent si bien, » disait Voltaire, et dans son esprit cette boutade signifiait que la musique, en exaltant la sensibilité, en flattant l'organisme, avait pour conséquence de détacher les hommes, des œuvres de l'esprit qui demandent pour être appréciées du travail, de l'effort, et de les confiner dans le domaine fatal et inintelligent de la sensation.

§ 5.

Il y a une espèce de musique particulière qui s'adresse plus directement à la sensibilité, c'est celle qui a pour but de provoquer le mouvement et de l'accompagner en le réglant, la musique de danse. Aussi est-ce pour cette raison qu'elle constitue un genre inférieur.

Nous avons déjà vu que toute une catégorie d'instruments est affectée particulièrement au rhythme : ce sont les plus grossiers, les plus bruyants, puisqu'ils doivent donner la commotion la plus forte aux fibres nerveuses, tambour, cymbales, castagnettes, etc. La musique de danse, qui utilise ces instruments pour accentuer davantage les contrastes, est celle qui emploie dans leur plus grande pureté et dans leur plus grande force les éléments matériels de l'art, le son avec ses plus vives oppositions d'intensité, de timbre et le rhythme le plus marqué. Cette espèce de musique, dont l'action est la plus violente sur la sensibilité physique, sur la bête, sur l'homme primitif, a dû être par conséquent la première en date. La musique et la danse se sont développées simultanément comme arts régularisant le mouvement tous les deux, le provoquant et le soutenant, et leur origine commune remonte bien au delà de l'histoire. Encore maintenant la musique de danse est demeurée l'art populaire par excellence, celui qui est le mieux compris par la foule et qui agit toujours le plus sûrement sur elle. Que l'on compare, dans les concerts populaires qu'on a eu l'heureuse idée d'instituer pour former le goût musical de la masse, l'effet d'un adagio avec celui d'un air de menuet et l'on n'aura aucun doute. Toutes les fois qu'un rhythme sautillant se fait entendre, vous voyez les visages s'épanouir, et le corps s'associer au mouvement des sons : on bat la mesure de la tête et des pieds et il est bien rare qu'on ne fasse pas bisser le morceau.

§ 6.

Après la musique de danse, ce sont les combinaisons des sons prises en elles-mêmes qui ont l'action la plus directe sur la sensibilité. L'harmonie qui consiste simplement à faire se succéder des accords, même sans dessin mélodique, procure un plaisir purement matériel à l'oreille, comme si l'on montrait à l'œil une série d'étoffes de belles nuances, ou comme si l'on soumettait au palais une suite de saveurs agréables relevées par des épices, c'est-à-dire, dans l'espèce, par des dissonances. Aussi l'harmonie se trouve-t-elle rarement employée seule, pour elle-même, c'est-à-dire sans dessin mélodique, ou bien elle n'est plus qu'un procédé matériel qui peut tout au plus servir à boucher les vides d'une composition musicale et à mettre de la distance entre les mélodies en occupant l'oreille.

Pour terminer ce chapitre des rapports de la musique avec la sensibilité, nous ne devons pas oublier de parler de l'*expression*, c'est-à-dire, des contrastes d'intensité et de timbre employés par l'artiste qui exécute une œuvre, lesquels n'ont d'autre but que de chatouiller voluptueusement ou de réveiller la sensibilité des auditeurs. Tout le monde a pu observer, sinon éprouver, les effets puissants de l'expression, si bien décrits par René François, un prédicateur du XVIe siècle :

« Si un beau joueur, dit-il, veut faire mourir les
» cordes sous ses doigts, il transporte tous les gens, si
» que l'un laissant tomber son menton sur sa poitrine,
» l'autre sur sa main, qui lâchement s'étend tout de son
» long comme tiré par l'oreille; l'autre a yeux tout ou-
» verts ou a bouche entr'ouverte, comme s'il avait cloué
» son esprit sur les cordes. Vous diriez que tous sont
» privés de sentiments hormis l'ouïe, comme si l'âme,
» ayant abandonné les sens, se fût retirée au bord des
» oreilles. »

On peut donc définir l'expression, la façon dont l'instrumentiste joue de la sensibilité de l'auditeur, l'art d'exciter le système nerveux par des contrastes habilement ménagés, qui, à chaque instant, rendent toute leur vivacité aux impressions des sons.

De tout ce que nous avons dit, il résulte que l'action de la musique sur la sensibilité est incontestable. Mais la musique ne demeure pas fixée dans le domaine étroit de la sensation où les sons n'ont guère plus de valeur que les saveurs ou les odeurs, et ne sauraient en aucune façon atteindre aux régions élevées du beau et produire ces sentiments particuliers qui sont spécialement du domaine de l'art. La sensation en elle-même étant chose fatale, aveugle, mobile, changeant selon les organisations, selon les dispositions du corps, l'âge, etc., où pourrait-on trouver en elle un caractère assez fixe pour juger le beau musical? Il faudrait admettre autant de beautés que de constitutions différentes : il y aurait un beau lymphatique, un beau bilieux, un beau sanguin, etc. Mais ce serait encore là une base trop peu certaine, les dispositions nerveuses changeant à chaque instant dans un tempérament, ce qui, pour un même individu, serait beau un jour ne le serait plus le lendemain... D'un autre côté, la sensibilité physique étant une faculté qui croît et décroît avec le corps et que l'âge finit par émousser, il faudrait en conclure que les vieillards sont moins aptes que les autres à sentir le charme de la musique, et que l'habitude d'en entendre fait qu'on n'y prend plus aucun plaisir; ce qui est précisément en opposition avec les faits. Il est d'observation journalière que les vieillards forment la majorité du public des concerts et des amateurs passionnés de musique. C'est peut-être même, tant que l'oreille possède la faculté de percevoir les sons, l'art dont le goût se conserve le plus longtemps chez les initiés.

Il faut donc évidemment sortir de la sphère de la sensibilité pure si l'on veut avoir une idée complète de l'essence de la musique et des diverses influences qu'elle exerce sur l'homme. Or le terrain limitrophe, qui confine à celui que nous allons quitter, est le terrain de la sensibilité morale ou du sentiment.

CHAPITRE VII

LA MUSIQUE ET LE SENTIMENT

Il n'y a peut-être pas de jugement qui ait soulevé moins d'objections que celui-ci : *la musique est l'art du sentiment*. C'est une de ces opinions toutes faites que nous nous passons les uns aux autres, comme une monnaie que tout le monde tient pour bonne et que personne ne s'avise de soumettre à la pierre de touche. Mais il est de l'essence même de notre sujet de ne pas l'accepter sans examen et nous allons essayer de dégager la part d'erreur et de vérité qu'elle contient.

Avant toutes choses, il nous faut rechercher ce qu'est le sentiment.

Sous ce nom de *sentiments*, l'homme a mis une bonne partie de sa vie, la plus considérable peut-être, tout ce qui est pour lui joie ou tristesse, les affections, les émotions, les passions de toutes sortes qui sont le charme ou le supplice de l'existence. On perdrait sa peine à vouloir faire la nomenclature de tous les sentiments, tant ils sont nombreux, variés à l'infini, et tant ils diffèrent souvent les uns des autres par des nuances qui échappent à l'analyse. Presque tous sont formés d'éléments multiples, de faits de la sensibilité physique mêlés à des faits intellectuels, soit du domaine de la raison pure, soit du domaine de l'imagination.

Mais au fond, ils reposent tous sur la sensibilité physique. Leur substance, leur essence, et c'est là ce qui les distingue des idées pures, n'est autre chose que l'activité organique modifiée de différentes façons par l'entendement, l'imagination ou la mémoire. Ainsi la colère qu'on place dans le sang, dans la bile, dans les humeurs, c'est l'activité surexcitée, avec une idée ou une série d'idées spéciales : l'amour, tantôt languissant, lâche, énervé, tantôt violent et emporté, réside essentiellement dans l'organisme, mais caractérisé par les idées de toute espèce qui font de l'amour humain un sentiment au-dessus de celui de la brute, chez laquelle il n'est qu'un sens, une fonction physiologique.

Or, prise en elle-même, abstraction faite des caractères particuliers qu'elle peut revêtir au moyen des idées, cette activité physique, qui est le *substātum*, la base de la sensibilité morale, nous donne les sentiments purs, non mélangés, qui sont des situations générales de l'âme, liés étroitement à la vie physique, indépendants de la volonté, sans conscience de l'objet ni de la cause.

Je puis très-bien, m'étant couché un soir en fort joyeuse humeur, me réveiller le lendemain, triste, morose, irritable, sans savoir pourquoi. Je subis là un sentiment indéterminé, dont je ne connais pas la cause, un sentiment qui n'a pas d'objet, et qui, par conséquent, n'est ni du désir, ni de la haine ; car, si j'aime ou si je hais, je sais fort bien à quel objet s'adresse ma haine ou mon amour. Ces dispositions générales de l'âme tiennent à une foule de causes et surtout à la disposition du corps, à ses mouvements intérieurs, à l'état sain ou morbide d'une partie quelconque de l'organisme, à la régularité ou à l'irrégularité de ses fonctions, à cette vie inconsciente dont nous avons vécu dans le sommeil et qui a son retentissement jusque dans la veille, à la combinaison de jugements fugitifs, au réveil d'impressions endormies, vagues, indistinctes, à la quantité d'électricité qui se trouve dans l'air en rapport avec notre constitution, c'est-à-dire, à l'atmosphère au milieu de laquelle nous vivons, à la lumière plus ou moins vive qui y est répandue, au calorique, en un mot à l'action multipliée d'une foule d'agents divers, extérieurs ou intérieurs, à mille influences auxquelles notre sensibilité obéit sans que nous en ayons conscience.

Un art quelconque ne peut agir que de deux façons sur la sensibilité morale, ou bien il joue le rôle d'un des agents que nous venons d'énumérer et modifie la sensibilité physique, de façon à créer des états indéterminés, des dispositions générales et inconscientes; ou bien il passe par l'intelligence et éveille des idées qui donnent de la détermination aux sentiments. La peinture, la sculpture, à cause des *sujets* qu'elles traitent, sont des arts destinés à cette détermination des sentiments, et la poésie plus spécialement encore.

La musique, au contraire, nous le verrons dans le chapitre suivant, impuissante à fournir à l'esprit des idées nettes et bien caractérisées, est limitée au sentiment pur et indéterminé.

La vibration des corps étant soumise à des lois particulières, physiques et mathématiques, la sensibilité, qui n'est que l'écho de cette vibration, obéit aux mêmes lois : c'est l'âme elle-même dans sa vie matérielle qui est en mouvement et c'est souvent la nature de ce mouvement qui produit des situations morales. Ainsi, à considérer le son en lui-même, isolément, plus le mouvement vibratoire est rapide, c'est-à-dire plus le son s'élève, plus l'énergie vitale est développée et, par conséquent, plus est vive l'impression de bien-être, de contentement, résultant de l'activité à son plus haut degré. C'est pourquoi les sons aigus produisent une plus grande gaieté que les sons très-graves. Dans les sons graves, en effet, nous l'avons déjà dit, la vie vibratoire est moins accentuée, c'est l'état de la matière se rapprochant le plus de ce que nous appelons l'inertie, par conséquent, le moins susceptible de produire une impression sur le corps. Le son très-grave, par cela même, est effrayant ; nous ne l'associons pas aisément à la manifestation de la vie, au mouvement. Il nous surprend comme une révélation de l'essence de la matière sous sa forme la plus éloignée de nous. Tout ce qui est rapide nous plaît, nous l'appelons vivant et nous considérons la plus grande activité comme la plus grande perfection des êtres. Un animal qui nous semblerait complétement immobile, comme un cadavre, et que nous constaterions pourtant s'être déplacé par un mouvement qui nous échapperait à cause de sa lenteur, nous causerait une terreur invincible, parce qu'il bouleverserait toutes nos idées sur la vie, à laquelle nous associons toujours un certain degré d'activité.

Ce que nous disons de la hauteur du son, de la rapidité de ses vibrations en elles-mêmes, il faut le dire à plus forte raison de la succession des différents sons. Le *mouvement* rapide des notes, en multipliant les impressions, exprime la vitalité arrivée à sa plus haute puissance et produit, par conséquent, le bien-être et la joie la plus vive. Le rhythme, à son tour, avec toutes ses variétés et ses contrastes de mouvement, est un énergique modificateur de l'activité.

Le timbre aussi, puisqu'il est la forme particulière de la vibration, puisqu'il agit sur le système nerveux en le resserrant ou en le dilatant, doit avoir son contre-coup sur la sensibilité morale, et donner de la mollesse ou de l'énergie aux sentiments : un son unique, par le timbre, peut parfois produire dans l'âme toute une situation : le son du cor, celui d'une cloche de bronze ou de cristal, nous plongent immédiatement dans une molle langueur, dans la tristesse, ou nous font épanouir à la gaieté.

Ce que nous venons de dire du timbre s'applique encore bien mieux aux nuances de l'intensité.

Les gammes des différents tons, n'exprimant en dernière analyse que des vibrations de plus en plus élevées, seront également puissantes pour mettre l'âme dans une de ces situations générales dont nous parlons. Le mode majeur et le mode mineur représentent presque deux actions contraires. Le majeur, avec ses proportions régulières, ses sons pleins, agréables, flattant matériellement la sensibilité, produit un sentiment d'activité, de joie incontestable. Le mineur, au contraire, plus obscur, moins facile, avec ses sons altérés, fait naître chez l'auditeur une langueur, une tristesse invincibles, remarquables même chez les animaux.

Ainsi, encore une fois, si la musique a quelque influence sur les sentiments, si elle réussit même à les produire, c'est directement en modifiant d'abord la sensibilité nerveuse, en augmentant ou en diminuant l'activité organique. Par conséquent, elle ne pourra rendre un sentiment que dans sa partie la plus générale, la plus large, la plus abstraite, sous cette forme où il n'exprime plus que la situation de l'âme, une disposition ayant à peine un nom, qu'on ne peut traduire par des mots, la substance des sentiments plutôt que les phénomènes qui la revêtent. Mais elle a cette puissance particulière, qui est un de ses plus grands charmes, de pouvoir produire instantanément et presque directement de pareilles situations.

Les sentiments plus caractérisés sont déterminés, nous l'avons déjà dit, par des faits intellectuels; mais leur base, leur essence demeure cet état de l'activité vitale, cette situation morale qui nous occupe en ce moment. Or, si l'art musical est incapable de les exprimer avec une détermination intellectuelle, il peut rendre ce fond commun; leurs différents degrés de violence, de douceur ou d'énergie. Ainsi, dans l'amour, si la musique n'exprime pas le genre d'affection, si elle ne peut rendre les différences qui distinguent l'amour maternel de l'amour proprement dit, de la piété filiale, de l'amour paternel, etc., elle pourra exprimer vaguement ce qui est au fond de ces différents sentiments, une sorte d'amollissement de l'âme, un alanguissement voluptueux, un relâchement des facultés actives. Dans la colère, elle n'exprimera ni l'objet ni le motif; elle ne fera pas distinguer l'indignation ressentie par un cœur généreux de la haine pour un ennemi ou de l'irritation contre soi-même, etc.; elle n'exprimera que le côté le plus général, ce qui est le fond de la colère, c'est-à-dire un mouvement rapide, tumultueux, qui porte à l'action.

Ainsi la musique agit directement sur les sentiments en général et produit des situations en modifiant l'état nerveux. C'est l'art qui possède cette faculté au plus haut degré, parce que c'est celui dont les éléments matériels, les sons et le mouvement, ont l'action la plus violente sur la sensibilité, qu'ils ébranlent comme un instrument.

Mais on aurait tort de croire pourtant que la musique soit seule parmi les beaux-arts à posséder cette puissance directe sur les sentiments généraux. La peinture jouit, elle aussi, quoique à un degré inférieur, de ce privilége. La lumière ébranle beaucoup moins la sensibilité que le son, et pourtant ne disons-nous pas des couleurs qu'elles sont gaies ou tristes? Le blanc réjouit, le noir inspire le deuil, le vert, le bleu, font éprouver des sentiments agréables de calme et de repos, le rouge excite, porte à l'action... Mais, je le répète, ces effets directs sur les sentiments ne peuvent être mis en parallèle avec ceux des sons. Jamais un chromatrope ne nous fera parcourir tous les degrés qui séparent la joie la plus expansive de la tristesse la plus amère et la plus accablée, comme peut faire la musique.

Ainsi, nous savons maintenant ce qu'il faut entendre par l'action de la musique sur les sentiments : elle ne les crée pas, elle ne les exprime pas en les caractérisant, elle met simplement le corps dans une certaine situation qui a pour conséquence une disposition générale de l'âme. C'est beaucoup sans doute, mais c'est tout. Si, après avoir entendu un air intense, fortement rhythmé, un homme se sent capable d'affronter la mort, fera-t-on honneur à la musique de ce beau sentiment? Cet effet ne suppose-t-il pas en première ligne un fond naturel de courage? Si la musique y est pour quelque chose, c'est simplement à cause de la vibration, du mouvement, du rhythme ; et encore peut-on dire que le bruit serait plus puissant. Voyez les saltimbanques aux foires, quand ils veulent attirer le public dans leurs barraques, ils crient, hurlent, crèvent les tambours, font beugler les cuivres, pour griser la foule de bruit et lui donner la fièvre du mouvement. C'est, dans certains opéras, la cause du succès, d'ensembles chantés à pleine voix et accompagnés à grand fracas par l'orchestre. Il ne s'agit pour produire des effets violents que d'agiter fortement la sensibilité, aussi sera-t-elle peut-être moins émue par l'ordre et la règle de la musique, que par la rapidité, la brusquerie, et l'âpreté du bruit. Les sons du cuivre, les cris, le brouhaha, les coups sur le bois des instruments, vous mettent hors de vous et vous portent violemment à l'action. Ce n'est pas sans raison que la musique militaire est composée, pour la plus grande partie, d'instruments de cuivre. Quintilien disait déjà que c'était à cette espèce de musique que la milice romaine devait principalement sa réputation de bravoure. Les Spartiates, ce rude peuple de soldats, en ont toujours fait usage. Les sons violents grisent comme les vins capiteux. Mais, de ce que la musique est d'un puissant effet pour animer au combat, si l'on conclut qu'elle fait naître le courage, on devra alors reconnaître le même pouvoir à l'art du distillateur : l'eau-de-vie produit aussi, par l'excitation du système nerveux, la même agitation, le même besoin d'action, et certains soldats, on le sait, ne peuvent se battre que gorgés d'alcool.

Nous supposons inutile d'insister plus longtemps et nous résumons notre chapitre par cette proposition qui nous semble démontrée : la musique, en elle-même, réduite à ses propres ressources, ne produit pas directement des sentiments *déterminés*, mais seulement des situations morales, des sentiments généraux.

CHAPITRE VIII

LA MUSIQUE ET L'INTELLIGENCE

Ainsi donc la musique augmente ou diminue l'activité de l'âme, y fait naître en un mot des sentiments indéterminés.

Si maintenant nous passons de ce domaine inconscient qui confine à la sensibilité physique de si près que les animaux eux-mêmes, sous l'influence de la musique, peuvent être abattus ou excités, devenir gais ou tristes, de la manière que nous le sommes, si nous passons dis-je au domaine plus précis des sentiments conscients, déterminés, nous nous trouvons dans la sphère de l'intelligence.

Un sentiment, en effet, emprunte son caractère à certaines idées qui complètent le fait simple dont nous venons de parler, l'état de l'âme plus ou moins active. Or, l'art ne peut produire ce sentiment déterminé que s'il est capable d'exprimer par des signes qu'il s'agit de tel sentiment et non d'un autre.

La peinture et la sculpture ont pour représenter les divers sentiments les signes du langage naturel, l'attitude du corps, l'expression du visage, les circonstances extérieures qui accompagnent les sentiments, qui servent de cadre au développement de la passion. Les grandes émotions de l'âme ont en général une physionomie particulière, facilement reconnaissable. Ne fait-on pas suivre aux élèves, dans les écoles de dessin, des cours d'expression, qui indiquent de quel degré doit être relevé ou abaissé le sourcil, contractée la bouche, quels sont les muscles qui doivent être en saillie pour exprimer l'effroi, la colère, le dédain, l'orgueil, etc.? Si la poésie veut rendre un sentiment, outre le mot propre, signe conventionnel qui en donne immédiatement l'idée, mais l'idée vague effacée, fruste comme l'empreinte d'une monnaie qui a trop couru, elle décrit les diverses circonstances qui accompagnent ce sentiment dans la réalité, les idées accessoires qu'il entraîne à sa suite, les gestes, les traits du visage de celui qui l'éprouve, et par une personnification audacieuse, elle prête même une physionomie, une expression à la nature inanimée et indifférente. Rappelez-vous ce fameux récit de Théramène où il est question de la tristesse d'Hippolyte; un mot rendait l'idée, mais combien ce mot est faible, comparé au tableau que le poëte place sous nos yeux : nous voyons le jeune héros pensif, absorbé, laissant flotter les rênes sur le cou de ses coursiers, ses gardes qui imitent son silence, et ses chevaux eux-mêmes qui semblent se conformer à ses tristes pensées.

La musique pure, non accompagnée de paroles, la musique en elle-même, a-t-elle de semblables ressources pour éveiller dans l'esprit ou dans l'imagination des sentiments déterminés? Si l'on s'en rapportait à l'opinion la plus générale, la question serait bientôt tranchée; la *musique langue du sentiment* est un jugement passé à peu près à l'état d'axiome : mais nous ne nous en laisserons pas imposer par l'autorité de la chose jugée, la question mérite qu'on en appelle.

§ 1. — *La musique exprime-t-elle des sentiments ?*

La qualification de langue du sentiment n'a aucune signification si elle ne veut pas dire que la musique dispose d'un ensemble de signes qui peuvent représenter exactement des sentiments.

Une langue, en effet, ne peut être qu'un système de signes.

On reconnaît généralement trois espèces de langues, caractérisées par les signes qu'elles emploient: le langage naturel qui exprime des sentiments, des idées par des manifestations extérieures du corps, le langage artificiel dont les signes sont tout à fait de convention et le langage symbolique qui laisse apercevoir l'idée sous des formes concrètes.

Si nous ne considérons le son que dans la voix, nous pouvons dire qu'il est un des principaux éléments du langage naturel, parce que les sons de la voix sont liés nécessairement à certains sentiments.

La voix est le son principal du corps considéré comme instrument nerveux ; qu'une commotion violente de l'ordre physique ou moral ébranle notre sensibilité, nous poussons un cri, comme la matière qu'un choc fait vibrer rend un son. La voix est essentiellement l'organe destiné à faire participer nos semblables au spectacle de notre vie intérieure. C'est pour ainsi dire la fenêtre que nous ouvrons sur le monde extérieur et par laquelle l'âme peut être aperçue. Toutes les émotions que nous éprouvons se manifestent à différents degré dans la voix et viennent modifier quelque partie de cet instrument compliqué et délicat. Les cordes se tendent plus ou moins, la glotte se dilate ou se resserre laissant passer l'air en quantité variable, la langue frappe cet air à coups inégaux : dans l'émotion, les molécules constitutives de l'appareil vocal éprouvent des modifications de cohésion qui font varier le timbre. Ainsi la douleur physique rend la voix plus forte, l'élève ou l'abaisse de plusieurs tons, selon le genre de souffrance et selon le tempérament du patient, la douleur morale la fait trembler, l'étouffe, la brise de sanglots ; la crainte la rend plus profonde, l'admiration l'allonge, la colère l'enroue, la joie lui donne un timbre éclatant. Dans les émotions calmes, les sons deviennent doux et faibles. Nous avons une telle habitude de déduire de ces phénomènes extérieurs, les phénomènes intérieurs, que de loin, nous distinguons sans entendre les paroles, à l'intonation seule, les sentiments qui animent des gens qui parlent. C'est pour cette raison que l'organe en lui-même, abstraction faite des différences d'articulation qui forment les mots, a un si grand charme chez les orateurs : par leur timbre seul, ils émeuvent l'auditoire et le disposent à la colère ou à la pitié. Dans la déclamation, si nous exprimons des sentiments tristes, notre voix s'abaisse et devient lente, et au contraire elle s'élève et augmente de vitesse pour des sentiments gais. On reconnaît par le ton de la voix la bienveillance, le dédain, la hauteur, la pitié, la colère, etc. ; on dirait que chaque sentiment a son accent naturel. La plus grande habitude de la dissimulation a souvent de la peine à contrefaire l'accent des sentiments qui perce sous le masque qu'on croit le plus impénétrable. *C'est le ton qui fait la chanson*, dit le peuple avec cette intuition du bon sens qui va aussi profond que l'analyse.

Ajoutons que l'habitude de certains sentiments finit par donner à la voix, comme à la physionomie, un caractère différent qui peut nous servir à porter des jugements sur nos semblables. Dans certains pays la nature de la voix est spécifiée sur les passeports. Il est évident que nous concevrons une opinion bien différente de deux hommes dont l'un aura la voix brève, saccadée et forte, et l'autre la voix faible, lente et lourde, et qui parlera dans un ton sourd et monotone. La relation entre la voix et le caractère est assez fixe pour que les aveugles, chez lequels l'ouïe est plus exercée, puissent juger du caractère par la voix aussi sûrement que nous en jugeons par la physionomie. On sait qu'Hippocrate prédisait les maladies, la mort même par les sons de cet organe. En attendant qu'il se révèle parmi nous un Lavater de la voix, chacun en particulier se sert plus ou moins de cet indice pour juger le moral d'un homme, ses passions d'habitude. L'homme, en effet, nous l'avons déjà dit, ne se dédouble pas : dominé par une passion, tout l'exprime en lui, sa voix, sa physionomie, son geste, de telle sorte que cette expression du sentiment n'est qu'un des caractères du sentiment lui-même.

Ainsi considérés, les sons de la voix, aussi bien et au même titre que les gestes et la physionomie, sont donc des signes légitimes du langage naturel. Mais peut-on confondre les *sons de la voix* avec la *musique*, et tirer cette conclusion que la musique est la langue du sentiment? Voilà ce que nous prétendons impossible à admettre, pas plus qu'en partant de cette donnée que le geste exprime aussi des émotions, des affections et des passions, on ne pourrait dire que la danse est la langue des sentiments.

C'est pourtant sur cette base des sons de la voix, signes du langage naturel, qu'est édifié le système qui met l'origine de la musique et en même temps son but, dans les sons inarticulés des divers sentiments. Nous emprunterons l'exposé de ce système à la *Poétique musicale* de Lacépède, parce que c'est chez lui que nous le trouvons le plus complet. On comprendra, dès les premières lignes, à l'emphase seule du style, pourquoi on s'étonne de trouver le nom de ce grand naturaliste en tête d'un ouvrage sur la philosophie de l'art :

« Dans ces champs fortunés où régnait un printemps
» éternel, où le soleil n'envoyait que des rayons tempérés
» par l'haleine des doux zéphirs, la terre, couverte d'une
» verdure toujours nouvelle, n'offrait aux yeux que des
» tapis de fleurs, que des arbres chargés de fruits ; des
» fontaines y coulaient avec un léger murmure, elles
» répandaient une délicieuse fraîcheur au milieu des bois
» odoriférants ; les parfums les plus doux s'exhalaient dans
» les airs. Sous le feuillage épais de ces bois enchanteurs,
» les oiseaux faisaient entendre leurs chants mélodieux.
» L'homme heureux et content, parcourant avec sa com-
» pagne ces champs fleuris et parfumés, enivré de plai-
» sirs et de jouissances, célèbre son bonheur. Sa voix
» s'anime, la parole ne peut suffire à l'expression de ses
» sentiments : des sons fugitifs aussitôt évanouis que pro-
» noncés, des nuances trop peu distinctes, des accents
» trop rapprochés ne purent point servir de signes à un
» long épanchement, à des sensations fortes et vives, à
» des transports impétueux. Il soutint sa voix, il la pro-
» longea avec effort, il l'éleva, il la rabaissa avec rapidité :
» les cris de la joie se mêlèrent à ses sons ; il chanta. Il
» anima en même temps sa démarche ; il éleva ses pas :
» le feu qui le transportait l'éleva lui-même ; il s'élança
» plusieurs fois de joie et de plaisir : la première danse
» fut formée. Pour mêler moins de fatigue à l'expression
» de ses transports, il s'éleva et se laissa retomber par

» intervalles égaux ; ses mouvements furent mesurés et
» observèrent une certaine régularité : son chant qu'ac-
» compagnait sa danse dut s'en ressentir. Il dut com-
» mencer et finir avec la danse ; il fut donc régulier ; il
» fut donc divisé en parties égales ; ou pour mieux dire,
» il fut très-court et revint souvent : et la chanson naquit.
» L'homme fortuné dut y appliquer des paroles coupées
» aussi avec ordre, pour exhaler sa joie de toutes les ma-
» nières possibles, et la poésie vit le jour. »

Nous avons assisté à la naissance de la musique gaie, voici, toujours d'après l'auteur, l'origine de la musique triste : on sépare les deux époux : « Égarés, hors d'eux-
» mêmes, les cheveux dressés d'horreur, ils ne peu-
» vent ni parler, ni répandre de larmes ; la parole
» ne peut suffire à leur situation cruelle ; les accents
» de la douleur, et les passions ardentes, voilà leur
» langue. Ils la connaissent déjà cette langue sublime :
» des sons entrecoupés, des cris aigus qui partent d'un
» cœur qui se déchire, le frémissement de la rage
» impuissante, les sons profonds et terribles de la fureur
» qui les transporte, voilà leurs mots et leurs tristes
» adieux. Le *premier duo pathétique* est formé. Tantôt
» les yeux fixés l'un sur l'autre pendant que des mains
» féroces et sanguinaires les traînent sur le sable, pour
» les arracher à la force puissante qui tend à les réunir,
» ils se répondent par d'affreux gémissements : tantôt ne
» se possédant plus, agités de mouvements convulsifs,
» se roidissant avec effort contre des chaînes dont on
» les charge, ils exhalent leur fureur par des cris effroya-
» bles ; ils mordent la terre dont on veut les arracher,
» les liens avec lesquels on veut les retenir ; bientôt
» ils ne peuvent plus se voir ; ils s'entendent encore,
» leur désespoir redouble, et leurs cris sont changés en

» hurlements... Ainsi le premier *duo terrible* a été formé. »

Nous espérons, pour le bon sens de nos lecteurs, qu'ils auront compris de suite le ridicule et la puérilité de telles idées, et que nous n'avons pas besoin, après ce que nous avons déjà dit, de réfuter en détail les pauvres élucubrations esthétiques de l'auteur de l'*Histoire naturelle des poissons.*

Nous nous bornerons à faire observer que dans le système que nous combattons, il s'agit seulement de la voix, et il ne se peut agir que d'elle. Elle seule emploie le son comme accessoire du langage naturel. Mettez à sa place un autre instrument, et toute la théorie disparaît. Qu'on n'aille pas dire que les instruments ont été inventés pour imiter la voix, et que leurs différents timbres ont pour but de rendre les diverses émotions qui modifient les sons de l'appareil vocal. Si le timbre de la flûte est doux comme la voix de la jeunesse, et celui du violoncelle grave et triste, ces analogies sont purement accidentelles et ne se rencontreraient pas dans d'autres instruments. Qu'on trouve, par exemple, à quel sentiment répond le timbre du hautbois, du basson, du piano, de la guitare! La *physionomie sentimentale des instruments* peut inspirer un chapitre humoristique, et fournir des prétextes à d'ingénieuses comparaisons; mais il ne faut rien chercher au delà. Les instruments n'ont pas été inventés pour imiter la voix : il est évident, au contraire, qu'ils ont eu pour but principal d'augmenter les ressources de cet instrument borné, en fournissant à l'art une échelle plus étendue de sons, plus de souplesse, des timbres variés, une foule d'éléments, en un mot, qui donnent à la musique une plus grande richesse d'effets et de couleurs.

La valeur du son comme signe représentatif, comme

signe naturel toujours associé à des sentiments déterminés, n'existe donc à proprement parler que dans la voix et dans ce que cet instrument a de plus caractéristique, de plus personnel, dans le timbre. Enlevez le timbre particulier que chaque passion donne à la voix, ces altérations si nuancées de la douleur, du désespoir, de la tendresse, de l'énergie, etc., si vous n'avez plus que la hauteur et l'intensité, si vous retombez dans les conditions ordinaires des autres instruments, vous faites perdre complétement au son cette faculté significative.

Sans vouloir nier l'aptitude des sons de la voix à servir d'auxiliaire au langage naturel, est-il besoin de démontrer qu'une série de sons inarticulés n'a aucun rapport, ni de près, ni de loin avec l'art musical? Est-il possible de soutenir sérieusement qu'on formera une mélodie en notant exactement les sanglots d'un homme qui a perdu sa compagne, ou en imitant un éclat de rire? Il y a certainement dans les sanglots et dans le rire une succession de sons, mais une succession de sons quelconque suffit-elle pour faire une mélodie? C'est comme si l'on avançait qu'une succession de couleurs suffit pour faire un tableau.

Et puis les cris inarticulés des fortes émotions ne rentrent pas dans une gamme. Ils sont séparés par des intervalles beaucoup plus petits que ceux que l'art musical, je ne parle pas seulement de l'art moderne et du genre diatonique, mais que ceux que tout espèce d'art a dû choisir comme matériaux à façonner? Se meuvent-ils dans cette échelle régulière des tons qui doivent s'engendrer les uns les autres suivant des lois fixes et inviolables? Ont-ils un rhythme mesuré, cadencé; leur dessin mélodique est-il proportionné, composé de membres égaux, reparaissant à des intervalles à peu près symétriques, etc..? En un mot, obéissent-ils aux lois de régularité, de proportion, de tonalité, de rhythme qui seules peuvent constituer le motif? Évidemment, non. — Ils n'ont donc rien de musical. Ce sont des moyens d'expression pour le langage naturel, et pas autre chose.

Vouloir leur donner un sens musical, c'est comme si l'on soutenait que les pédales et les sourdines constituent des instruments. On comprend que dans un opéra, avec la détermination des paroles, une fois par hasard on puisse employer le cri inarticulé de l'émotion, par exemple, le cri d'effroi que pousse Leporello en ouvrant la porte à la statue du commandeur, mais ce n'est qu'un accident, une fantaisie du compositeur, laquelle ne saurait servir de base à une théorie quelconque.

§ 2. — *La musique n'est pas née du langage.*

Lacépède, comme nous venons de le voir, mettait l'origine et le but de la musique dans l'imitation des *cris inarticulés des passions.* D'autres sont allés encore plus loin, ils ont prétendu que cet art n'était autre chose que l'imitation des diverses intonations du langage, débarrassées de l'articulation des mots, et ils en ont fait par conséquent une langue, bien mieux, la langue par excellence.

Ce système qui a formé la base de la critique musicale jusqu'à nos jours et qui est encore en très-grande faveur, bien qu'au point de vue philosophique il ne mérite pas d'être discuté, nous oblige cependant, à cause de l'autorité historique avec laquelle il s'impose, à étudier les rapports de la musique avec le langage parlé.

Dans une langue, abstraction faite de l'articulation qui donne aux mots leur véritable et à proprement parler leur seul caractère de signes, par cela même qu'il s'y trouve des sons, ces sons ont différentes qualités de hauteur, d'intensité, de timbre, etc. Ces différentes qualités, jointes au mouvement, constituent ce qu'on appelle le *chant* ou l'*intonation*.

L'intonation se trouve liée la plupart du temps à des sentiments et à des idées. Elle sert d'accompagnement, de surcroît d'expression aux mots, et varie selon le sens qu'ils contiennent. Que chacun se rappelle ce qu'il entend autour de lui : « C'est un *homme épais, lourd, avec un ventre énorme*, dit-on, en appuyant lentement et pesamment sur chaque syllabe, et au contraire, « *c'est un petit homme sec, pétulant, l'œil vif ;* » et l'on prononce chaque mot avec toute la sécheresse et la vivacité qu'on peut y mettre. Veut-on indiquer un endroit éloigné, on répète plusieurs fois le mot pour allonger la durée, on traîne et on porte la voix, en l'affaiblissant même comme pour imiter un son qu'on entend dans le lointain : « *C'est bien loin, bien loin, bien loin, là-bas.* »

Ces intonations diverses, qui forment comme un chant dans le langage, augmentent la signification des mots, souvent même elles y suppléent, comme l'accent ironique ou menaçant donné à une phrase qui, au pied de la lettre, n'aurait pas cette signification. Ne peut-on pas mettre dans le même mot une foule de sens par des nuances d'intonations? Ainsi, pour ne citer qu'un exemple, cette simple phrase : « *Vous n'irez pas* », selon le ton de la voix peut contenir une menace, un défi, une raillerie, une interrogation, etc. C'est ce surcroît singulier d'expression qui fait la supériorité de la langue parlée sur la langue écrite.

Outre ces différentes intonations, spontanées, non arbitraires, qui ne sont autre chose que des signes du langage naturel et qui donnent de l'expression au discours, comme les gestes et la physionomie, il y a encore dans les langues un chant conventionnel qui accompagne les mots et leur donne une signification pour ainsi dire purement grammaticale. Telle est en français l'élévation de la voix sur l'interrogation. Cette élévation particulière est conventionnelle, car les étrangers qui ne sont pas très-familiarisés avec notre langue entendent souvent au positif une phrase interrogative ou dubitative.

Il faut signaler en outre, pour bien les mettre en dehors de ce qui nous occupe, d'autres intonations qui n'emportent pas toujours avec elles une signification. Il y a un chant et une cadence particuliers qui ont simplement pour but d'éviter la monotonie dans le débit. Cette hauteur et ce rhythme sont déterminés en grande partie par le mouvement naturel du son de la voix qui s'élève, puis s'abaisse, comme le mouvement vibratoire dans les corps, et du reste, comme toute espèce de mouvement. Ainsi les phrases du discours finissent en général sur un ton bas, espèce de ton fondamental qui ne laisse plus rien attendre après lui. C'est pourquoi la ponctuation offre, pour ainsi dire, quelques caractères musicaux. Le point est comme la tonique de la phrase, en admettant que la phrase ait une espèce de tonalité, et c'est sur cette tonique que la voix repose : la virgule, analogue à la sensible, en élevant l'intonation appelle forcément un complément de la phrase; le point et virgule est comme la dominante, le son intermédiaire avant la tonique, etc.

Rien, on le voit d'après ce que nous venons de dire, ne s'opposerait à ce qu'on créât conventionnellement de nouveaux accents, signes de nouvelles intonations exprimant des sens plus nombreux. Quels avantages n'en retirerait-on pas? Ne serait-ce que pour donner le ton aux interprètes des auteurs dramatiques, aux acteurs, et éviter par là de nombreuses répétitions? La musique a bien pour l'expression ses *forte*, ses *piano*, ses *decrescendo*, pourquoi n'y aurait-il pas des signes analogues dans la littérature? On assure que Molière avait eu cette idée.

Si maintenant nous ne considérons plus les phrases entières, mais les mots en particulier, nous trouverons dans la prononciation du même mot des différences de hauteur, peu accentuées en français mais très-saillantes dans les autres langues, constituant ce qu'on appelle l'accent tonique, qui entrent aussi comme un élément très-important dans la physionomie du langage. Cet accent, qui met des différences d'intensité et de durée dans les mots, constitue une espèce de cadence, de rhythme qui dans certaines langues forme une des bases essentielles de la poésie. Tout le monde sait que le principal charme des vers grecs résidait dans les différentes manières d'accentuer les mots, nuances qui se sont perdues dans les organisations plus barbares des peuples du Nord, vainqueurs du monde ancien. Notre système prosodique en France est construit sur un autre plan; cependant avec un peu d'étude et d'attention, nous pouvons encore aisément nous faire une idée de la cadence dans la poésie ancienne, et de cette espèce de chant composé des différentes hauteurs de la voix montant ou descendant selon les accents des syllabes.

Ce qu'on appelle une langue musicale, est celle qui accentue le plus le chant de la phrase. Les langues les plus musicales, nous le savons, sont les langues du Midi. Le caractère tout en dehors des Méridionaux demande le plus grand luxe d'expression, et leur langage se colore de tous les accompagnements possibles du geste, de la physionomie, et des intonations les plus variées. Ce sont aussi les langues du Midi les moins chargées de consonnes, c'est-à-dire d'articulations, qui emploient le son en lui-même dans sa plus grande pureté ; les langues désossées pour ainsi dire, où les consonnes, la charpente du discours, ont le moins de relief.

Tout le monde sait que Grétry s'amusait à noter, approximativement, car la gamme moderne ne permet pas l'exactitude complète, le « *bonjour monsieur* » de tous ses visiteurs. Si l'on pouvait traduire ainsi en sons musicaux les phrases les plus chantantes, les interrogations, les menaces, les sens ironiques, etc., on trouverait chez les individus d'une même nation une façon à peu près semblable d'accentuer ces phrases. Pour une autre nation ce chant différerait. L'Italien module beaucoup, l'Allemand un peu moins, l'Anglais pas du tout. Mais qui serait assez naïf pour s'imaginer qu'en opérant ainsi, il aurait la musique nationale de chaque peuple ? De ce qu'on appelle une langue musicale, il ne s'en suit pas qu'on puisse assimiler une telle langue à la musique. C'est une pure métaphore, comme on dit une peinture criarde, sans prétendre par là assimiler les couleurs aux sons.

Le langage qui se rapproche le plus de la musique, par le plus grand nombre d'éléments communs, c'est sans aucun doute le langage poétique. Que de fois n'a-t-on pas dit de la poésie qu'elle est une véritable musique ? Cette métaphore est pour ainsi dire passée à l'état de chose jugée. C'est pourquoi il convient d'examiner de plus près ce que l'art des vers a positivement de musical.

Dans la poésie, outre l'intonation, le chant de la phrase qui lui est commun avec la prose, et que la déclamation exagère encore, nous trouvons un élément musical de plus que dans le langage familier, et un élément puissant, le rhythme. Ici les sons articulés ne sont plus émis arbitrairement, astreints seulement à une grossière symétrie et à ce besoin de variété que l'esprit humain apporte en toutes choses, et qui forme le rhythme très-lâche de la période oratoire. Le mouvement du son dans la prose est trop libre, trop effacé, trop attaché à la pensée pour suffire à la poésie qui est un art, et dont tous les éléments par conséquent ont une valeur propre et doivent subir une certaine façon. C'est pourquoi dans les vers, nous trouvons le son articulé soumis à un ajustement rigoureux, réglé par la durée, c'est-à-dire possédant un rhythme bien marqué. Grâce à ce nouvel élément, on peut soutenir que la poésie se rapproche de la musique autant qu'une langue peut s'en rapprocher.

Mais par la nécessité même de l'articulation, le rhythme et le mouvement dans les vers sont beaucoup plus limités que dans la musique. On comprend, en effet, que la poésie ne puisse employer des durées de sons aussi courtes qu'on les trouve dans la musique, un mouvement trop rapide ferait disparaître l'articulation et avec elle le sens des mots. Aussi, dans les morceaux de musique vocale les roulades se font toujours sur de simples voyelles tenues tout le temps que dure le trait.

Au contraire, toutes les combinaisons du rhythme poétique peuvent être employées par l'art spécial des sons. Prenons pour exemple le vers élégiaque (pentamètre) : les trois premiers pieds sont ainsi composés : deux spondées ou deux dactyles et une césure longue, puis deux dactyles et une césure longue. Il est évident qu'on peut rem-

placer ces durées relatives -- | -- | - | - ᴗ ᴗ | - ᴗ ᴗ | -
par celle des notes suivantes :

♩♩ | ♩♩ | ♩ | ♩♪♪ | ♩♪♪ | ♩

On peut varier ce rhythme de quatre façons, et ainsi pour tous les autres.

Mais il est bien difficile d'imaginer avec les entraves d'un rhythme détaillé d'avance, une mélodie originale.

Le rhythme réglant le mouvement, et le mouvement étant, comme nous le verrons plus tard, la base commune que peut avoir le son avec les sentiments, on comprend que les sentiments et les idées une fois suffisamment déterminés par les paroles, en y ajoutant le rhythme on augmente la signification. Aussi chez les anciens, les pieds et les mesures des vers étaient distingués par les divers sentiments qu'ils peuvent exciter dans l'âme, avec le secours des paroles bien entendu. Il y en avait de doux, de graves, de sévères, de lâches, de languissants, d'héroïques. Toutes les passions trouvaient à s'exprimer dans cet arsenal de vers iambiques, trochaïques, saphiques, élégiaques, glyconiques, etc. Pour les matières graves, c'était le lourd spondée qu'on employait de préférence : l'iambe ᴗ — qui représente comme un saut brusque, servait à l'attaque, à la satire, à la fureur,

Archiloquum proprio rabies armavit iambo.

Les vers élégiaques, à la cadence inégale, imitaient bien les mouvements entrecoupés de la tristesse, les soupirs et les sanglots. Toutes les analogies du sentiment avec le mouvement se trouvaient ainsi exprimées.

Le rhythme qui serait le plus transportable dans la

musique moderne et qui offrirait les plus nombreuses combinaisons, serait celui du vers hexamètre, le vers du style noble et soutenu.

On comprend que les Grecs, qui possédaient une poésie si rhythmique, n'aient jamais bien séparé cet art des vers de l'art musical. Ils avaient sans doute une manière de prononcer le vers en appuyant selon les différents accents et en faisant sentir le mouvement, de telle sorte que la poésie simplement déclamée, avait la même valeur que chantée. Et comme le rhythme imprime directement un mouvement à la sensibilité et agit à la façon des passions, on conçoit très-bien qu'ils aient été amenés à donner une valeur morale à la musique, valeur morale qui nous semble aujourd'hui de beaucoup exagérée.

Mais ce que nous disons de l'art ancien ne saurait s'appliquer à l'art actuel. Les modernes ont presque totalement perdu le sentiment du rhythme dans la poésie. Qui de nous comprend les beautés des différents pieds des vers grecs ou latins ? Nous n'avons dans notre prosodie que deux éléments musicaux, la mesure des syllabes et la rime ou assonance qui n'est qu'une variété du rhythme qu'elle accentue, plus fortement, à la mode des instruments de percussion. Rien de cette délicatesse qui distinguait le public ancien n'a passé à nos organisations plus grossières. Notre oreille demande seulement à être fortement frappée. La rime, ce coup de tam-tam à chaque fin de vers, ou l'allitération, n'ont-elles pas quelque chose de sauvage ? c'est un reste de littérature barbare.

Mais bornons là cette étude de la langue au point de vue des éléments musicaux. Aussi bien nous a-t-elle entraînés un peu loin. Ce qui importe à notre sujet, c'est de constater qu'une langue comprend, en effet, en dehors de l'articulation, des sons dont la hauteur, l'intensité, le timbre et le rhythme varient suivant les différentes idées que les mots expriment. Mais les sons pris ainsi en eux-mêmes, peuvent-ils avoir un sens précis, peuvent-ils exprimer des sentiments ou des idées ? Poser la question c'est la résoudre : qu'on essaye de se faire comprendre sans articuler les mots, et l'on verra ce qu'un simple chant peut signifier.

Si l'on a été convaincu de la puérilité de la doctrine de Lacépède qui plaçait l'origine de la musique dans les cris inarticulés des passions, à fortiori devra-t-on reconnaître la fausseté de cette autre théorie ne différant de la première que par une nuance et qui consiste à mettre l'origine et le but de la musique dans l'imitation des intonations du langage. Avons-nous besoin de le répéter : ce qui constitue l'art musical, c'est surtout la tonalité, la liaison, la dépendance des sons entre eux par rapport à un son fondamental, conditions qui ne se trouvent pas dans les sons d'une langue, lesquels, déformés par l'articulation, n'ont en eux-mêmes rien de musical. Dans l'articulation, en effet, les dents, la langue, les lèvres, présentent au son des obstacles, le brisent, l'étranglent, contrarient son émission naturelle, pour lui donner cette grande quantité de caractères différents qui forment les mots et en font des véhicules d'idées.

Vouloir établir un rapprochement autre que métaphorique entre la musique et une langue, c'est un enfantillage. Il n'y a rien à conclure de ce que la musique ainsi qu'une langue emploie des sons qui diffèrent par la hauteur, l'intensité et le timbre, ces caractères appartiennent à la nature même du son. Il n'y a rien à conclure non plus de ce qu'il y a sept sons dans une gamme, comme sept voyelles dans une langue. Je ne parlerai pas de ceux qui prétendent que chaque lettre de l'alphabet représente une note d'une gamme enharmonique, et que par conséquent on pourrait écrire musicalement un mot quelconque. Raisonner ainsi c'est se montrer par trop dédaigneux du sens commun.

Qu'importe encore que nous ayons la mémoire des sons musicaux comme celle des mots, la mémoire des airs comme celle des phrases, que nous imaginions des formes musicales, c'est-à-dire, que nous puissions combiner intérieurement des sons comme nous combinons des idées, cela ne prouve pas que la musique soit une langue. Une théorie qui s'appuie sur de pareilles erreurs est condamnée à l'impuissance, à la stérilité. Gluck, Rousseau et Rameau n'ont échappé au ridicule qu'en violant les lois qu'eux-mêmes avaient posées, de l'analogie de la musique avec une langue et de la nécessité d'appliquer à l'art musical les règles de construction du langage.

Est-il possible d'appeler la musique une langue quand le moindre effort de réflexion nous montre la vérité de la définition de Condillac, que les langues sont des méthodes d'abstraction et de généralisation. Quoi ! la musique analyserait les opérations de la pensée, la musique exprimerait des idées abstraites ? Et puisqu'une langue se confond tellement avec la faculté intellectuelle, qu'on ne peut les distinguer l'une de l'autre, on pourrait dire qu'on pense en musique, qu'on écrit des livres de philosophie en musique ? C'est le comble de l'absurde, et pourtant cela a été soutenu, *quia absurdum* sans doute. Une foule de critiques ont vu dans les compositions de Beethoven, des poëmes cosmogoniques et philosophiques : Wagner ne prétend-il pas qu'où finit la parole la musique commence et exprime à l'intelligence les mystères les plus abstrus de la création. Certains écrivains allemands parlent avec le plus inaltérable sérieux des problèmes psychologiques, dont Beethoven se propose la solution dans ses symphonies et mettent le compositeur de Bonn, comme philosophe, sur la même ligne que Hegel et que Kant. Ils proposent naïvement aux musiciens modernes de s'attaquer à l'histoire, comme Beethoven s'est attaqué à la philosophie, et ils leur présagent d'abondants lauriers à moissonner dans ces champs encore inexplorés par la musique instrumentale. Il nous arrivera donc bientôt d'outre-Rhin des *symphonistes historiens*. Je comprends encore la bataille de Prague sur le piano, où les notes, frappées dans les octaves inférieures, ont pour but de rappeler les coups de canon, mais je me fais difficilement une idée de ce que serait une symphonie présentant le tableau du moyen âge ou du siècle de Léon X.

Il est évident que, puisqu'on peut former une langue conventionnelle avec toute espèce de signes, on pourrait aussi en former une avec la musique, faire signifier à *si ré* du pain, à *sol la* du vin, etc., ou convenir que tel chant, telle phrase musicale aura un sens déterminé. C'est là un moyen télégraphique qui en vaut un autre, pour transporter à une grande distance des avertissements ou des commandements, lorsque la voix articulée ne saurait être employée. Les airs de chasse, le *lièvre*, le *chevreuil*, le *lancé*, *l'hallali sur pied*, *l'hallali par terre*, sont des exemples que tout le monde connaît : il en est de même des sonneries dans les régiments de ligne et de cavalerie, sonneries qui portent chacune un nom caractéristique : la *soupe*, le *boute-selle*, la *diane*, l'*extinction des feux*, etc. Un régiment de cavalerie a une trentaine d'airs différents qui constituent une véritable langue conventionnelle. C'est un procédé mnémonique qui peut être très-utile, mais il n'y a aucun rapport entre l'air de trompette et la chose qu'il signifie. La *soupe* aurait aussi bien annoncé l'*extinction des feux* si l'on avait voulu. Je ne suppose pas, du reste, que ce soit d'un tel système de signes arbitraires que veulent parler ceux pour lesquels la musique est une langue.

§ 3. *Du symbolisme musical.*

Ainsi donc la musique n'est pas une langue comme celle que nous parlons, et elle n'est pas née non plus du langage humain, les notes ne peuvent être des signes comme sont les mots. On ne saurait dire non plus qu'elle soit un langage naturel, cette qualification s'appliquant uniquement au geste et à la voix, et non pas à un art qui se conçoit très-bien tout à fait en dehors de la voix humaine.

Mais il existe encore une autre espèce de langage ; le langage symbolique, et ceux qui nomment la musique une langue se réfugient derrière ce dernier retranchement pour soutenir leur opinion. C'est de là qu'il s'agit de les débusquer.

Une langue symbolique est celle qui exprime à l'intelligence des idées au moyen de signes, ou conventionnels ou liés par un rapport nécessaire, aux choses qu'ils représentent. Il y a donc un symbolisme conventionnel et un symbolisme naturel. Comme exemple du premier, nous citerons le langage des fleurs, qui est de pure convention. Ce n'est pas de ce symbolisme, je pense, qu'il a pu être question pour la musique ; jamais on n'a convenu que telle phrase d'un thème instrumental, telle modulation, telle tonalité, signifierait la vertu, Dieu, une plante, etc. Il ne reste donc que le symbolisme naturel, c'est-à-dire une langue peignant les idées qu'elle veut exprimer par des signes qui les rappellent nécessairement.

Or, il s'agit de voir en quoi les sons, considérés en dehors de la voix, qui a son rôle spécial comme organe destiné à la vie de relation bien plutôt que comme instrument musical, peuvent exprimer à l'intelligence des sentiments ou des idées.

Le son pris en lui-même, en tant que phénomène perçu par un des organes des sens, n'est pas *représentatif*, pas plus que l'odeur ou la saveur. Il est presque exclusivement *affectif*.

La *hauteur* ne fournit aucune idée à l'intelligence, pas même celle du nombre des vibrations qui demeure imperceptible à l'ouïe. Sans doute les sons, selon leur hauteur, ont une action générale sur les sentiments, nous disposent à la joie ou à la tristesse, à l'activité ou à la langueur, mais ils ne sauraient nous donner des notions précises. Pourrait-on dire ce qu'exprime un son élevé? En cherchant bien, peut-être trouverait-on qu'il fait naître en nous un sentiment de sérénité, comme les sons graves produisent un sentiment d'inquiétude ou de mystère. Quand elle entend un de ces derniers sons l'oreille, nous l'avons déjà dit, est comme surprise de percevoir des vibrations aussi lentes : il semblerait qu'elle a la vague intuition du mouvement latent qui anime la matière, qui en forme pour ainsi dire l'essence, et cette vue rapide jetée sur l'infini nous cause une certaine terreur.

Nous trouvons un sentiment à peu près analogue exprimé par l'*intensité*, cette seconde qualité que nous avons distinguée dans le son. Comme le son représente la force, la matière dans son essence, il est naturel qu'un son d'une grande intensité nous effraye, parce qu'il semble annoncer que cette force latente peut faire irruption tout d'un coup et mettre en danger notre existence. Les sons légers, indécis, faiblement murmurés, souvent interrompus, les bruissements mystérieux de l'orchestre inspirent de l'inquiétude par leur indétermination même. On sent la force qui couve, qui d'un instant à l'autre peut éclater, et le sentiment éprouvé ressemble à celui que fait naître pour l'œil une lumière étouffée, la brume ou le clair de lune, en noyant les contours des formes dans une atmosphère mystérieuse qui laisse le champ libre à l'imagination.

Aussi, dans les mélodrames, quand la situation dramatique est sur le point d'atteindre son maximum de tension, quand l'auteur veut inspirer au public cette inquiétude palpitante, cette crainte vague qui le dispose à l'émotion, l'orchestre joue un trémolo en sourdine, en même temps que les lumières de la rampe s'abaissent. Les deux moyens sont équivalents.

Si maintenant nous examinons le troisième caractère du son, le *timbre*, nous voyons qu'il est presque exclusivement affectif. A l'imagination, il ne représente absolument que l'instrument qui résonne, en admettant toutefois que cet instrument dans sa forme matérielle nous soit déjà connu, comme l'odeur nous rappelle la forme de la fleur, ou la saveur celle du fruit. Le timbre ne correspondant comme signe qu'à la forme de l'instrument, il n'y a donc aucun parti à tirer de cet élément du son pour le symbolisme.

Il n'en est pas de même du *mouvement* et du *rhythme* d'une série de sons. Ces caractères en effet sont généraux, et l'on peut leur trouver une foule d'analogies dans la nature et dans l'homme. Il s'agit seulement de savoir si ces analogies sont assez constantes, assez exactes pour servir de symbole, en d'autres termes, si par le mouvement façonné des sons, on peut représenter nettement à l'intelligence, à l'imagination, des émotions, des passions ou des objets qui dans la nature sont animés de mouvements.

La passion ne se conçoit pas sans un mouvement de la sensibilité nerveuse : elle se confond tellement avec lui qu'on pourrait l'envisager comme le mouvement lui-même. La colère, l'amour, le désir, l'espérance, sont autant d'agitations de l'âme qui se traduisent matériellement dans le sang qui afflue au cœur, capables même dans leur paroxysme de produire des congestions de certains organes et d'y occasionner des lésions mortelles. Sentiments et mouvements ont donc une analogie naturelle. Dans ce cas, ce que les spiritualistes appellent l'âme, forme avec le corps une alliance si étroite qu'il est bien difficile de distinguer les deux principes qu'ils veulent séparer par un si profond abîme. L'homme dans le sentiment est un tout : Le mouvement intérieur qui l'ébranle se révèle extérieurement par le geste et par la physionomie. C'est ainsi que l'esprit s'est habitué à associer certains sentiments à certains mouvements, bien qu'ils ne soient pas toujours unis par le lien de la cause à l'effet.

Mais nous allons voir que le mouvement, est trop général pour servir de symbole transparent à l'idée. Aussi est-ce plutôt comme simple métaphore que comme signe précis qu'il peut être utilisé.

L'homme primitif, en contact avec la nature qu'il ne connaît pas encore, jeté sur cette scène mystérieuse au milieu de personnages muets qui vivent de leur vie propre, qui jouent un rôle auquel il se trouve tout à fait étranger, ne connaît que lui-même, n'a que la conscience de sa personnalité, et ne pouvant rien supposer au delà de cette notion étroite, il prête à tout ce qui est en dehors de lui, la même vie que celle qu'il sent bouillonner en son sein. Il humanise tout : le torrent qui roule avec fracas est *furieux*, l'animal qui dévore sa proie, *cruel*, l'agneau, *doux*, la mer, *perfide*, etc..., non content de cette métaphore perpétuelle qui lui fait transporter sa vie, ses idées, ses sentiments dans le monde extérieur, il généralise les faits mystérieux qui le frappent, les mouvements de la matière en dehors de lui, et il arrive progressivement de la métaphore à la divinisation : le fleuve qui fertilise devient un dieu, la source intarissable une nymphe, la force végétative est personnifiée dans les dryades et les hamadryades, etc... Ces puissances inconnues qui semblent si différentes de lui l'effrayent, le jettent dans un mystérieux étonnement, il les adore, et c'est ainsi qu'il crée une religion qui n'est qu'une immense et splendide métaphore, le polythéisme.

Le polythéisme ou au moins l'anthropomorphisme se trouve au début de toutes les civilisations. C'est la première étape de l'intelligence. A tout ce qu'il ne connaît pas, l'homme prête sa forme ou sa nature intime, ses idées et ses sentiments.

Mais à mesure que la science fait des progrès, c'est-à-dire à mesure que la vérité laisse tomber ses voiles, l'esprit humain se débarrasse de ces formes égoïstes à travers lesquelles il apercevait la nature et commence à la considérer plus en dehors de lui. Après cette vue superficielle qui ne lui donnait que des analogies sans consistance, il analyse, et c'est alors que se perd dans les arts cette fraîcheur naïve qui est le principal charme de l'antiquité, d'un Hésiode ou d'un Homère.

Cette lente évolution du subjectif à l'objectif, par laquelle l'homme est arrivé à se dégager du monde extérieur et qui a sa trace bien marquée dans tous les arts, s'aperçoit surtout dans la musique.

L'impression des sons sur la sensibilité étant très-vive et excitant les mouvements du corps, d'un autre côté, la passion le poussant aux mêmes manifestations extérieures, les hommes ont établi dès le principe des comparaisons entre la musique et les passions, et ont fait de l'art musical une langue symbolique qui exprime des sentiments.

Ces métaphores étaient naturelles. On ne pourrait nier que nous n'associons sans efforts des sentiments tristes à un mouvement lent ou à des sons graves, et des sentiments gais à un mouvement rapide ou à des sons élevés. Mais si les sons, comme nous l'avons vu, peuvent signifier assez aisément à l'intelligence des situations générales, parce qu'ils les produisent directement dans la sensibilité, l'art musical ne fournit pas ces caractères nécessaires qui précisent ces situations et leur donnent la physionomie de sentiments particuliers. Pour qu'il en fût autrement, il faudrait que le *mouvement* pût exprimer nettement les idées accessoires des sentiments généraux. Malheureusement, cette représentation, cette *signification* exacte lui est impossible.

De ce qu'il se manifeste un mouvement rapide du sang et de la matière nerveuse dans la colère, avancer qu'un mouvement vif des sons exprime la colère, c'est dépasser les limites de l'induction. Pourquoi un tel mouvement ne rendrait-il pas aussi bien la tempête, une bataille, les bonds d'un lion, le cours d'un torrent, etc.? Je sais bien que tous ces faits, tous ces mouvements ont pour base quelque chose d'analogue au sentiment de la colère, mais cette analogie n'est que dans la violence, dans la rapidité, et c'est de cette généralité seule que la musique peut donner une idée. La détermination ne pourra venir que d'autres causes en dehors de la musique même. Affirmer le contraire, c'est donner raison à Matteson soutenant que la *sarabande* exprime le respect, et la *courante* l'espérance : c'est tomber dans la subtilité de la musique chinoise dont les différents modes représentent l'Empire, la majesté, le ministre et son intrépidité à exercer le pouvoir, la soumission et le respect aux lois, ou bien encore la célérité des affaires du gouvernement, etc.

Avec le mouvement dans les sons, on n'exprime ni des idées ni des sentiments, nous venons de le voir; mais peut-on représenter des objets? C'est ce que nous allons examiner.

Il semble, au premier abord, que rien ne soit plus facile que de rappeler à l'imagination au moyen des sons les mouvements de la nature. Mais on ne songe pas, encore une fois, que la musique ne peut imiter le mouvement qu'à l'état d'abstraction, et que par conséquent dans les objets en mouvement il y aura toujours la forme, c'est-à-dire ce qui constitue l'objet lui-même dont la musique sera impuissante à donner l'idée. Comparer entre eux des faits de l'ordre physique et moral, parce qu'ils offrent les mêmes mouvements, c'est comme si l'on voulait établir des analogies entre les objets de la même couleur. Quelle plaisante erreur! On arriverait, comme certain commandeur espagnol fort connu jadis de Paris, lequel avait pour l'histoire naturelle une passion malheureuse, à mettre dans le même genre le léopard et la grive, parce qu'ils sont tachetés tous les deux.

C'est le rêve d'un cerveau malade que cette imitation des choses par la musique. Le mouvement ne parle pas suffisamment à l'intelligence, parce qu'il n'exprime qu'un caractère trop général, une analogie trop éloignée avec la chose même imitée dont il ne peut par conséquent donner une idée précise.

Mais, dira-t-on, supposons un musicien qui aurait à rendre le lever du soleil : Il peut se proposer d'exprimer d'abord les vapeurs de l'aube par des sons légers et un peu confus; au milieu d'une harmonie bien fondue dans cette légère atmosphère de sons, court une mélodie sereine et fraîche comme la brise matinale : peu à peu les instruments de l'orchestre s'animent et viennent dialoguer les uns après les autres ; ils expriment le réveil de la nature vivante. Puis un crescendo commençant par des sons graves et à peine murmurés, et s'élevant, s'élevant toujours, en croissant d'intensité jusqu'à ce qu'il éclate en un *tutti* formidable, peindra le soleil qui rougit l'horizon d'une légère bande de pourpre, colore de couleurs de plus en plus vives une plus grande partie du ciel, et se montre enfin dans toute sa splendeur, inondant les campagnes de sa vivifiante lumière.

Nous sommes persuadé que le lecteur a accepté de bonne foi, habitué au style ordinaire de la critique musicale, ce tableau que nous venons d'esquisser. Il suffit pourtant d'un moment de réflexion pour voir que c'est là un artifice littéraire, une métaphore prolongée, un jeu de l'imagination.

Entre les intensités, les mouvements divers des sons dont nous venons de parler et le lever du soleil, il n'y a qu'une analogie très-éloignée et que personne ne saisira à moins d'être prévenu. En quoi, par exemple, des sons légers et un peu confus expriment-ils plutôt l'aube que le crépuscule; ne rendraient-ils pas aussi bien le mystère de la nuit, le langage indécis d'un cœur qui parle pour la première fois, le murmure du vent dans les herbes, ou le doute philosophique, etc.? Pourquoi un crescendo peindrait-il plutôt le lever du soleil que celui de la lune? Pourquoi ne ferait-il pas voir aussi bien les eaux d'un torrent qui déborde, un incendie dont la fureur augmente à chaque instant, la recherche patiente d'un mathématicien qui arrive pas à pas à la solution d'un problème, etc.? Au fond de ces diverses interprétations, il n'y a jamais que l'idée d'une force commençant faiblement pour arriver insensiblement à toute son expansion, l'idée abstraite du mouvement augmentant progressivement ou déclinant. La musique que nous avons décrite à propos du lever du soleil pourrait s'appliquer à tout ce qui dans la nature ou dans l'homme peut avoir un mouvement de *crescendo*.

Il faut au préalable, si l'on veut employer ce moyen intellectuel, faire appel directement à l'imagination, ce complaisant décorateur, et lui fournir un sujet. C'est ainsi que lorsqu'on joue la symphonie pastorale, on donne souvent au public un programme indiquant les différentes phases du poëme musical, le lever du soleil, la danse des bergers, l'orage, etc.; alors seulement l'auditoire ne risque plus de se tromper. Si, dans un programme de cette sorte le musicien annonce qu'il va imiter une tempête, aussitôt votre imagination se représente la mer : vous entendez le mugissement des vagues dans les rumeurs sourdes de l'orchestre; un trait rapide qui se détache en sons aigus sur la masse de l'harmonie signifiera suffisamment un éclair; le roulement des timbales, le tonnerre; les dissonances chromatiques rendront le sifflement du vent : vous croirez entendre les voix des naufragés en détresse lançant dans l'espace le dernier appel à une voile qui s'enfuit..... Le tableau paraît complet : vous applaudissez et vous déclarez un homme de génie le musicien qui a si bien su peindre cette tempête. Et pourtant tout cela, encore une fois, n'est que pure illusion, un jeu, une fantasmagorie de votre imagination. Qu'on ne vous avertisse pas, et dans ce morceau qui vous paraît un tableau si exact avec le programme, vous ne verrez rien de tout cela ; ou bien si par hasard vous y reconnaissez une tempête, votre compagnon y verra une bataille, un autre la peinture de la haine, de la colère, de la jalousie, ou la représentation symbolique de la lutte du génie contre l'infirmité humaine, etc...

En effet, qu'est-ce qui constitue essentiellement une tempête? C'est la mer. Et en quoi la musique pourra-t-elle nous donner l'idée de la mer? Il faut au tableau un ciel noir de nuages : comment nous peindra-t-elle, de façon que nous l'imaginions, un ciel d'abord, et de plus, noir de nuages? Comment la musique représentera-t-elle le sillon rouge de l'éclair sur ce fond obscur, la couleur de l'eau, les vagues blanches d'écume, etc.? Tout ce que la musique pourra exprimer, ce sera la violence du mouvement, et cette violence du mouvement, elle nous la présentera dans une telle généralité qu'elle s'appliquera aussi bien à mille autres choses qu'à une tempête.

Il faut se garder de cet entraînement de l'esprit vers l'analogie. L'histoire des sciences et de la philosophie nous apprend que c'est là une des sources les plus abondantes de l'erreur. Il suffit d'un léger effort de l'intelligence pour trouver à une chose quelconque des analogies nombreuses avec des faits, des idées, des mouvements, des formes, etc. Rien n'est facile à imaginer comme un symbole : on croit que c'est une explication et l'on s'en contente. Que n'a-t-on pas symbolisé? Qu'un auteur se contente. Que n'a-t-on pas symbolisé? Qu'un auteur se serve de ces aperçus sans consistance pour enrichir son style de métaphores, rien de mieux, mais vouloir prendre ces analogies sérieusement, au pied de la lettre, c'est de la pure barbarie. Le moyen âge, dans ses puérilités pédantesques, ne faisait pas pis que ceux qui donnent à la musique ce pouvoir de peindre et d'exprimer, quand il enseignait que pour être brave il faut boire du sang de tigre, et que pour mettre les ennemis en déroute, il faut se servir d'un tambour fait avec la peau d'un lion.

Mais, objectera-t-on, dans une tempête il y a du mouvement, et ce mouvement est accompagné de sons; donc la musique peut nous en donner une idée en imitant ces sons; et en généralisant, on dira que la musique, si elle n'imite pas des objets, peut du moins imiter les sons de la nature et les représenter à l'intelligence.

Ici nous tombons dans une théorie fort connue, qui met l'origine et le but de tous les beaux-arts dans l'imitation non plus éloignée, mais directe de la nature, qui fait naître l'architecture, par exemple, de l'imitation du croisement des branches ou des dômes de feuillage, et la musique de l'imitation du chant des oiseaux. C'est surtout au xviiie siècle que cette profonde philosophie de l'art a fleuri.

On dirait que l'homme, aux yeux des Encyclopédistes, ne peut rien trouver par lui-même. Ils ne le supposent doué d'aucune initiative : c'est seulement un singe habile cherchant à reproduire tout ce qu'il aperçoit autour de lui; et dans leurs efforts pour rabaisser l'intelligence humaine, il leur paraissait plus naturel de donner à l'oiseau la faculté d'émettre spontanément une espèce de chant qu'à l'homme, qui, selon eux, ne la possède que parce qu'il a imité l'oiseau. Sans doute ils devaient soutenir aussi que nous avons appris de l'hirondelle à bâtir des cathédrales.

Pour moi, je ne vois pas bien ce qui dans la nature aurait pu servir à l'homme pour créer l'art des Mozart, des Beethoven et des Rossini. Je ne suis pas de ceux qui croient au *concert de la nature*. L'habitude de les entendre souvent répéter a fait prendre à ces gens les plus hardies métaphores des poëtes pour paroles de l'Évangile, et ils ont créé une philosophie de l'art, d'après ces formes du discours, comme les poëtes primitifs ont créé la mythologie en abusant des mots : *numina nomina*, dit le proverbe.

Nous ne nous arrêterons pas à démontrer que la nature ne présente que des sons discordants, bons à entrer dans un charivari, et que son prétendu concert n'est qu'une colossale exagération. Il n'y a d'un peu musical que les bruissements des sapins ou les sifflements des roseaux, quand le vent, semblable à un archet immense, passe sur ces plantes sonores. Tous les autres bruits ne forment qu'une cacophonie qui peut avoir un certain charme poétique, mais à coup sûr un charme bien distinct du plaisir musical. Si parfois sur cet ensemble de bruits se détache un son clair et pur qui rentre dans l'échelle des sons agréables à l'oreille, ce n'est jamais qu'un phénomène isolé.

A ne considérer même que les êtres organisés, le chant du rossignol, beaucoup trop vanté, n'a rien de musical. Chez aucun oiseau on ne trouvera trace d'une mélodie quelconque. Ils ne font entendre que des bruits, qui se rapprochent plus ou moins des sons musicaux, voilà tout.

Si les lois de la vibration des sons ont leur principe dans la nature, on n'en saurait dire autant de l'art musical. C'est une création de l'homme qui suppose l'oreille et l'intelligence de l'homme, et qui n'a pas de réalité en dehors de lui. Dans la nature, vous trouverez des sons et des mouvements associés, mais rien de ce qui constitue la musique. Ce qu'on appelle le *chant* de l'oiseau ne mérite pas cette qualification ; tandis que l'homme, s'il chante, que ce soit un garçon de charrue ou qu'il se nomme Mozart, produit toujours quelque chose d'artistique, c'est-à-dire des sons musicaux, un arrangement combiné par son intelligence et approprié à son organisation. La chanson que nos paysans crient à pleine voix le soir en ramenant leurs bœufs n'est pas *naturelle*, ce n'est pas l'effet d'un mécanisme de leur larynx comme ce qu'on est convenu d'appeler le *chant* de l'oiseau. C'est de l'art, naïf, il est vrai, mais de l'art.

Par cela même que l'homme vit dans la nature, qu'il en fait partie, qu'il a un corps, des organes en rapport avec le monde extérieur, il est évident qu'il ne peut rien faire tout à fait en dehors de la nature. Mais de ce qu'il combine pour une œuvre artistique les éléments matériels autour de lui, des sons et du mouvement, par exemple, il ne s'en suit pas qu'il imite la nature. L'art n'imite pas la nature : bien au contraire, puisque la nature pour valoir quelque chose à nos oreilles doit ressembler à l'art. Ne dit-on pas en parlant d'une jolie voix : « C'est une vraie musique ? » La musique est donc bien l'idéal auquel on compare la réalité.

Nous n'ajouterons plus que quelques mots sur ce sujet.

Imiter des formes et des couleurs par des sons, nous l'avons déjà vu, c'est tenter une chose impossible : la musique ne peint pas : on ne fait pas un portrait au piano, contrairement à ce que prétendait Félicien David, j'aime à le croire, par pure plaisanterie.

Il semble plus facile d'imiter avec des sons les mouvements dans les objets ; mais, comme nous l'avons vu, le mouvement est un caractère trop général pour suffire à donner une idée assez claire de ces objets.

Quant à imiter les sons mêmes de la nature, avec les sons et les formes de la musique, l'art en a le pouvoir jusqu'à un certain point, mais à condition de transformer la réalité, s'il veut en faire quelque chose d'acceptable, qui ne soit pas grossièrement ridicule ou bouffon. Dans tous les cas, ce ne sera jamais qu'un jeu comme en poésie l'onomatopée. De telles imitations peuvent être spirituelles, employées de loin en loin, mais on ne saurait les donner comme bases à l'art.

On ne peut imiter des sons non musicaux qu'avec des sons du même genre, mais non avec de la musique. Si des farceurs d'atelier s'amusent à tirer un feu d'artifice en reproduisant avec la bouche le bruit de toutes les pièces dont il se compose : fusées, soleils, chandelles romaines, etc., ils font là une imitation par à peu près, dont le côté plaisant est précisément dans l'insuffisance de l'imitation : mais en employant des sons musicaux la chose serait complétement impossible, ou du moins si elle était tentée, ce ne pourrait jamais être que dans la musique la plus bouffonne, et l'imperfection même de la ressemblance deviendrait une cause de rire. Ce serait de la charge, de la caricature musicale ; telle est la symphonie de carnaval d'Haydn, par exemple ; tels sont ces morceaux, œuvres de prédilection des chefs de musique militaire, dans lesquels ils introduisent le bruit de la locomotive, du fléau qui bat le blé, du tic-tac du moulin, le chant de divers oiseaux, et qui ont le don de faire ébahir les enfants et leurs bonnes. Jamais un musicien de quelque valeur n'a consenti à employer une telle imitation de la réalité, si ce n'est par jeu et comme on ferait un trompe-l'œil en peinture, et encore cette expression ne trouverait-elle guère son analogue en musique, car il n'y a pas de *trompe-l'oreille* possible, le bruit étant la négation même du son musical et de l'art.

§ 4. — *Résumé*.

La musique n'est donc ni une langue naturelle, ni une langue conventionnelle, ni une langue symbolique. Le son non articulé qu'elle emploie n'étant pas lié nécessairement à telle ou telle signification, n'a aucune valeur en dehors de la voix pour servir de symbole à l'intelligence. Tout ce qu'il est capable de faire, c'est de jeter presque physiologiquement l'esprit dans une certaine situation où il lui devient plus facile d'être déterminé dans un sens ou dans l'autre. Les cordes nerveuses frémissant à vide pour ainsi dire, des formes vagues et indécises peuvent s'accentuer et il peut naître des idées et des sentiments par une espèce d'éclosion spontanée, mais qui a sa cause en dehors de l'action directe de la musique. Si la musique est triste, toutes les douleurs latentes que contient notre âme se réveilleront et prendront une forme accusée dans ce sens : si elle est gaie, toutes les forces expansives qui sont en nous se déchaîneront poussant devant elles mille pensées gracieuses ou bouffonnes, mille imaginations chaudes et colorées. L'intelligence cherchera d'autant plus à donner aux situations générales de l'âme une physionomie distincte, que l'état d'incertitude lui pèse. Ainsi, quoique les différents mouvements ou les rhythmes ne puissent imiter les objets avec quelque précision, il arrivera néanmoins que l'intelligence ou plutôt l'imagination mise en action sympathiquement leur prêtera des formes. Nous ne pouvons guère entendre un air bien rhythmé et rapide, sans penser à des figures qui se meuvent dans le mouvement, à des danseurs dont les gestes détaillent le rhythme. Mais c'est là un phénomène particulier, sans constance, qui ne se présente pas nécessairement et qui n'est autre chose que le résultat d'une association d'idées accidentelles.

Le peintre ou le poëte à l'audition d'une œuvre musicale, peut sentir se réveiller en lui toutes les forces créatrices de son imagination, et trouver un sujet de vers, un motif de tableau. Cette agitation générale de la sensibilité joue pour lui le rôle de café, de vin, d'un agent excitateur quelconque qui développe l'activité du système nerveux. Il y a toute une classe de dilettantes qui s'en tiennent là : ce sont les fumeurs d'opium de l'art. Le charme de la musique pour eux consiste en ce qu'elle les plonge dans une demi-rêverie où leur âme, emportée dans les espaces aériens, assiste à un spectacle de formes et d'idées des plus variées. Ils voient le monde réel et le monde confus des sentiments et des conceptions fuir devant eux : il semble que du haut d'une des montagnes de la Suisse, quand la mer de nuages est sous vos pieds, tout à coup le voile se déchire et que vous voyez à travers les trous faits par le vent passer dans une course fantastique les lacs, les prés, les villages, les forêts. La musique déroule ainsi un panorama mobile sous les yeux de l'esprit. C'est ce qu'on pourrait appeler l'action alcoolique de l'art. En dehors, il n'y a rien de certain. Et ce serait à tort qu'on donnerait à la musique le pouvoir d'éveiller des idées étrangères à sa nature essentielle.

De ce que le parfum d'une espèce de rose nous rappelle

en traits vifs et nets dans les moindres détails toute une scène de notre existence, on ne saurait prétendre que les odeurs agissent d'une façon déterminée sur l'imagination. Il en est de même de la musique ; elle produit l'effet des nuages, chacun y voit à peu près ce qu'il veut. Prenez au hasard un morceau de Beethoven ou de Mozart qui n'ait pas un de ces caractères encore assez rares dans la musique instrumentale, de tristesse ou de gaieté bien marquée, et demandez à plusieurs personnes ce qu'exprime ce morceau. Celles qui n'avoueront pas naïvement qu'elles n'en savent rien, répondront peut-être l'une, le printemps ; l'autre, le regret ; l'autre, l'espérance ; l'autre, la mélancolie. Si l'un de ces auditeurs déclarait sérieusement que cette musique exprime *la pudeur alarmée de la chaste Suzanne surprise au bain*, ne soulèverait-il pas un immense éclat de rire ? Qu'on jette les yeux sur un catalogue de morceaux de piano, on y trouvera des *Adieux*, des *Nuits d'été*, des *Perles*, des *Pluies de fleurs*, des *Matins*, des *Soirs*, etc., tous titres qui peuvent sans le moindre inconvénient être substitués les uns aux autres. A qui arriverait-il de réclamer si tel morceau appelé primitivement, par exemple, la *Bienfaisance*, était nommé ensuite la *Forêt d'Amérique ?* On voit donc bien que la musique n'offre pas un sens précis même pour les sentiments. Quel est l'homme de bonne foi qui ne confessera que telle œuvre musicale qui a semblé d'abord faire naître en lui la mélancolie, ne l'a pas égayé dans une autre circonstance ?

La musique réduite à elle-même, à ses formes propres, a si peu de signification que le même air que vous avez entendu chanter à l'Opéra dans une situation dramatique bien caractérisée, vous le retrouvez souvent sans étonnement faisant marcher des soldats au pas, ou sauter des danseurs. Et puisque nous parlons de la musique de danse, ne sont-ce pas les mêmes refrains, les mêmes quadrilles, qui après avoir provoqué les excentricités impudiques des bals publics, règlent les mouvements composés des dames du monde ?

C'est précisément cette indifférence que nous voulons constater, qui permet à la musique de se faire entendre dans tous les événements de la vie, ce qui serait impossible si elle avait un sens déterminé. Pourvu qu'elle observe simplement le mouvement, la situation générale commandée par les circonstances, elle peut se présenter partout : musique aux mariages, aux baptêmes, aux enterrements ; elle semble comme le son des cloches, tantôt gaie, tantôt triste selon nos dispositions intérieures. Ce n'est pas parce qu'elle les exprime tous qu'elle va bien avec les sentiments, mais parce qu'elle n'en exprime aucun spécialement. De tous les arts, la musique a le moins de rapport avec l'imitation et se distingue le plus par sa liberté.

Cette indifférence, cette indétermination que nous soutenons contrairement à l'opinion qui considère la musique comme une langue, était déjà aperçue par les Piccinistes. Ceux-ci, en effet, dans leur fameuse querelle avec les Gluckistes prétendaient que l'art musical, même dans le drame, est un art libre existant par lui-même ; tandis que les Gluckistes soutenaient qu'il imite les passions, qu'il les exprime et qu'essentiellement il n'a pas d'autre fin.

Le débat avait pris naissance surtout à l'occasion de la musique dramatique. D'après les Gluckistes, il fallait, le but étant la clarté de la pensée, subordonner complétement les sons aux paroles, autant du moins que les exigences de la mélodie le permet. Et dans le récitatif, où le compositeur n'est pas forcé comme dans la mélodie de s'occuper de la forme architectonique en elle-même, de la figuration des sons, il devait chercher à reproduire le caractère particulier des mots.

Le temps et le bon sens ont fait justice de ces erreurs et pour que rien ne manquât à leur réfutation, Wagner est venu montrer à quel degré de ridicule on arrive quand on met ces théories rigoureusement en pratique. Si en effet on adopte ce principe que la musique doit aspirer à être une langue, on est conduit à sacrifier complétement la mélodie, le seul élément vraiment artistique, il ne faut pas l'oublier, et l'on amène le triomphe du récitatif, c'est-à-dire de la forme qui s'éloigne le plus de l'art proprement dit pour se rapprocher du langage. De là, chez les compositeurs du système de Glück ces cadences interminables interrompant sans cause la mélodie, quand ils veulent bien concéder au goût du public quelque mélodie ; de là, ces récitatifs démesurés où l'auditeur ne saisit absolument rien des intentions qu'ils y ont mises, et qui ne provoquent d'autre *sentiment* que celui de l'ennui.

Disons encore avant de terminer ce sujet que si la musique était une langue avec un sens précis, dans un morceau de poésie mis en musique, il y aurait superposition de deux langues que le chanteur parlerait à la fois : or, parler deux langues en même temps me semble un problème aussi difficile que de chanter en s'accompagnant de la flûte. De plus, s'il en était ainsi, comment pourrait-on supporter dans nos opéras les mêmes mots répétés plusieurs fois sous des notes différentes ? tout le monde n'y verrait qu'un insupportable rabâchage. Il est constant aussi que des paroles d'un sentiment tout opposé peuvent être chantées sur le même air comme on l'entend journellement dans les duos d'opéras, où les deux chanteurs sont animés par des émotions et des passions tout à fait contraires. Cela ne saurait évidemment se produire si la musique avait un sens déterminé.

Elle a si peu un sens déterminé, que c'est une nécessité pour elle de répéter deux ou trois fois, souvent davantage les mêmes passages, la même mélodie ou des parties tout entières de l'œuvre comme dans les symphonies, trios, quatuors, etc. Pourrait-on dans un drame ou dans une comédie répéter la même scène plusieurs fois, ou une phrase d'un dialogue, ou un acte tout entier?...

De plus, dans une langue, pour que la perception soit nette, possible, nous ne pouvons entendre plusieurs mots à la fois. Dans la musique, au contraire, la simultanéité des sons est une source de plaisir. Quelle singulière langue est-ce donc que celle où sept à huit personnes peuvent parler ensemble et dire des choses différentes, comme dans un septuor ou un ottetto.

Mais nous n'insisterons pas davantage sur cette puérilité, malgré la faveur dont elle jouit. Nous avons suffisamment démontré que la musique n'est point une langue, que les notes ne sont point des mots, ni les phrases mélodiques des phrases comme celles que la logique analyse et où elle doit trouver le sujet, le verbe et l'attribut. Le compositeur ne peut donc se proposer de faire un discours aux auditeurs, de leur prouver une vérité philosophique ou scientifique, ou de leur raconter une histoire. S'il veut absolument éveiller dans leur esprit des pensées étrangères à celles de l'art musical, il devra s'adresser alors à cette faculté spéciale qu'on appelle l'association des idées. Ainsi, pour faire songer aux champs, aux frais ombrages, il introduira dans sa musique un rhythme cadencé régulièrement comme le murmure des ruisseaux, il emploiera le haut-bois, il fera entendre des mélodies naïves, un peu semblables à celles que chantent les paysans. Si dans le cours de son œuvre il veut rappeler le sentiment de la liberté, l'air de la *Marseillaise* lui fera l'office de tout un programme; mais la musique en elle-même n'aura été ni champêtre ni républicaine, elle n'aura été employée que comme moyen indirect de rappeler la campagne ou la liberté.

Napoléon Ier voulant donner du courage et de la patience à ses soldats, écrivait à l'armée du Caire : « Tous » les jours à midi, il sera joué sur les places, vis-à-vis » des hôpitaux, par la musique des corps, différents airs » qui inspirent de la gaieté aux malades en leur *retraçant* » les plus beaux moments des campagnes passées. »

La musique peut directement, nous l'avons vu, inspirer de la gaieté; mais pour retracer le souvenir d'une expédition militaire, elle doit avoir recours à l'association des idées. Elle pourrait, par exemple, si telle marche avait été jouée à l'entrée de l'armée dans une ville d'Italie, rappeler en la jouant encore ce triomphe. Mais si ce souvenir n'est pas présent à l'idée du soldat qui écoute, jamais la musique ne lui fera entendre qu'il s'agit de guerre d'Italie ou de victoire.

L'effet du *Ranz des vaches* sur le Suisse ne réside pas dans l'arrangement intime des notes, dans leur succession ou dans le ton, mais en ce que la physionomie de cet air est liée intimement à la silhouette des pics, aux images des Alpes vertes et des glaciers. Le sens, les idées qu'on rattache à certaines productions musicales dépendent toujours des circonstances, des temps et des lieux. Vous préférez tel air à tout autre, non pas souvent parce qu'il est le plus beau, mais parce qu'il vous rappelle votre enfance, le pays où vous l'avez entendu, l'être aimé qui le chantait. En dehors de la valeur musicale qu'ils peuvent avoir en eux-mêmes, les airs nationaux empruntent leur plus grand charme aux idées accessoires qu'ils évoquent même pour ceux qui ne sont pas du pays. Quand on nous joue un boléro espagnol, c'est comme un voyage en Espagne qu'on fait faire à notre imagination. Nous sommes charmés par la vivacité du rhythme et par le dessin original de la mélodie, et en même temps nous voyons dans une cour de posada rayée d'ombre et de lumière les danseuses aux fières allures, cambrer leur torse exubérant, et il nous semble que nous sentons courir dans nos veines la chaleur du soleil andaloux. Il n'y a pas longtemps, au milieu des dernières manifestations du sentiment patriotique en Hongrie, les jeunes gens de Raab découvrirent que Berlioz avait fait entrer dans son *Faust* une de leurs marches nationales. Ils lui écrivirent aussitôt une lettre de chaleureuse sympathie en lui envoyant une couronne d'or. Cet air représentait pour eux la patrie avec ses mœurs et ses traditions, luttant contre l'étranger. Mais si la contexture de cette marche, l'ensemble qu'elle peut offrir de rhythme et de tonalité exprimaient nécessairement le sentiment patriotique hongrois, cet air n'aurait pu prendre place dans l'œuvre du compositeur qui ne se proposait pas le moins du monde d'appeler la Hongrie à briser le joug autrichien. On en peut dire autant de la *Marseillaise*, qui ne rappelle évidemment le sentiment de la liberté française que parce qu'elle a été le chant des armées de la république.

Grâce à cette tendance naturelle à l'analogie, combinée avec l'association des idées, des accords de certaine nature, des phrases musicales particulières ébranlent en nous toute une chaîne d'idées et de sentiments. C'est de là en grande partie qu'a pris naissance cette opinion erronée qui qualifie la musique de langue du sentiment. L'impression physique seule, mettant en branle le système nerveux, fait qu'il se dégage en nous, au hasard des différentes individualités organiques et morales, comme une poussière d'idées et de sentiments. Le fait du reste est commun à un grand nombre de sensations. Certaines impressions des sens, saveurs, odeurs, couleurs, etc., se trouvent liées souvent à des phénomènes moraux qui n'ont que des rapports accidentels avec elles.

En dehors de ces associations d'idées habituelles dont nous avons parlé et dont le nombre pour la musique est assez restreint, le compositeur qui se mettrait à avoir des intentions ne ferait plus que des logogriphes. Je n'en veux pour preuve que l'aventure qui arriva à Gossec sous la république, en 1795, à la fête commémorative de la mort de Louis XVI. A cette date, bien que les vertus farouches des jacobins se fussent considérablement adoucies, cependant on détestait encore cordialement le souvenir du *tyran*, puisqu'on fêtait officiellement le jour de sa mort. Pour donner plus d'éclat à cette solennité, l'Institut national de musique (depuis, le Conservatoire), s'était réuni dans la salle des séances des députés. Il commença par un morceau dont le caractère était d'une extrême douceur. Aussitôt les députés entrent en fureur et interpellant les musiciens, leur demandent s'ils déplorent la mort du tyran. Pour les apaiser, ceux-ci ne crurent mieux faire que de jouer le fameux : *Ça ira*. Après cette preuve de civisme, Gossec ne voulant pas rester cependant sous le coup de la première inculpation, éleva la voix pour dire que l'intention de sa musique avait été d'exprimer le *bonheur d'être délivré d'un tyran*. Nous aimons à croire que cette épreuve ébranla quelque peu chez le directeur de l'Institut national ses opinions sur la clarté de l'art musical comme langue.

Mais, dira-t-on peut-être, si l'on nie que le compositeur puisse à l'avance, de parti pris, rendre des idées déterminées et les faire comprendre aux auditeurs, on est obligé de reconnaître que malgré lui, instinctivement, selon les sentiments qui l'animent, il se mettra dans son œuvre et fera connaître l'état de son âme exprimé par les sons.

Si l'on admettait ce principe, il s'ensuivrait que le compositeur amoureux exprimerait l'amour dans ses mélodies, orgueilleux, l'orgueil, charitable, la charité, etc. Pourquoi ne montrerait-il pas aussi bien qu'il est bossu ou camard? Certainement si un homme furieux compose un chant, il ne le fera pas comme l'homme amoureux, mais la différence des deux chants résidera dans des caractères généraux qui se manifesteraient aussi bien dans tout autre art que dans la musique. La lenteur du mouvement, un ton d'une hauteur moyenne, des modulations faciles, voilà tout ce que pourra mettre dans son chant le compositeur amoureux; la vivacité du rhythme, les tons aigus, les modulations heurtées et fréquentes, voilà ce que pourra y mettre le compositeur furieux. Maintenant si le public veut à toute force chercher là une intention, il comprendra peut-être que le compositeur amoureux a voulu peindre le départ pour la promenade, et l'autre une course au clocher de gentlemen-riders, ou un sujet quelconque qui n'aura pas le moindre rapport avec l'amour ou avec la colère, sinon celui du mouvement. Et nous ferons remarquer cependant que nous avons choisi l'amour et la haine, deux contrastes, deux grandes passions bien accusées, aux caractères tout à fait différents : que serait-ce si le musicien devait exprimer, de façon à les distinguer de l'amour, de la colère, l'amitié, le désir, la mélancolie, l'ambition, le courage, etc., pour ne parler que des sentiments.

La musique, encore une fois, ne peut pas caractériser, et l'auditeur ne saurait pas dire plus exactement du compositeur quel sentiment le dominait au moment où il a écrit, qu'il ne saurait le dire d'un architecte en voyant le palais ou la maison qu'il a construite. Il n'y a pas d'architecture amoureuse ou haineuse, et cependant il est évident qu'un architecte amoureux ne composera pas comme un architecte furieux.

Que conclure de là? Que nous nous mettons certainement dans nos œuvres, mais plus ou moins, selon que la nature de l'art le comporte. Dans la poésie lyrique, nous y sommes tout entiers, puisque c'est l'expression de nous-mêmes; dans la peinture, un peu moins; dans la sculpture moins encore, et dans la musique, je le répète, nous ne laissons apercevoir que nos situations générales, et non nos sentiments particuliers.

CHAPITRE IX

MUSIQUE VOCALE

Nous l'avons donc vu : la musique n'est point une langue qui exprime à l'intelligence ce qui se passe dans l'âme humaine ; un solo n'est point un monologue, ni un duo un dialogue, ni une symphonie un roman. La musique n'agit directement que sur l'activité, sur l'essence même de l'âme et ne produit que des situations générales, des diathèses morales, et elle partage cette puissance avec tous les autres arts. La lumière et la ligne dans l'architecture, la lumière et le coloris dans la peinture ne produisent-ils pas eux aussi des situations morales dans l'âme du spectateur ? Mais cette détermination qui manque essentiellement à la musique, la voix qui est un instrument destiné spécialement à la vie intellectuelle, à l'échange des idées, aux relations des hommes entre eux, la voix peut la lui donner, d'abord par ses diverses modifications générales, accents, intonations, etc., qui constituent en grande partie le langage naturel, et ensuite par les mots, c'est-à-dire par les sons articulés émis en même temps que les sons musicaux.

Avec ces moyens d'expression combinés, on a une musique qui, cette fois, est bien une langue significative, puisque le son des mots déjà suffisant pour l'intelligence est encore renforcé du langage naturel résultant des diverses inflexions de la voix.

La réunion des paroles à la musique, ce qu'on appelle la musique vocale est un compromis entre la littérature et l'art musical, où comme dans tous les compromis chacune des parties abandonne ses prétentions les plus caractérisées. Tandis que la musique instrumentale est la musique pure, dégagée de tout lien, se mouvant dans le domaine spécial des formes musicales, sans souci de la détermination, la musique accouplée aux paroles, réduite à ce seul instrument, la voix, est condamnée le plus souvent à ne pas sortir de la forme la plus simple de la mélodie pour ne pas nuire à l'expression des sentiments ou des idées.

Si l'on voulait faire une comparaison de ces deux genres de musique avec d'autres arts, on pourrait dire que la musique vocale a de l'analogie avec la sculpture, art resserré, confiné dans les nécessités rigoureuses de l'imitation, se bornant le plus souvent à la forme humaine seule, ou à des groupes peu compliqués, tandis que la musique instrumentale est la peinture, l'art libre, s'attaquant à toutes les formes, les reproduisant toutes isolées ou réunies, dans le cadre de la nature pleine de variété.

L'infériorité de la musique vocale comparée à la musique sans paroles, réside en grande partie dans la voix elle-même qui ne peut aller au delà de certaines limites de rapidité, de timbre et de sonorité comme instrument musical. Si on lui enlève la valeur qui lui appartient dans la vie de relation, la voix est loin de se trouver au premier rang parmi les instruments, quoique le timbre de ses sons soit celui qui plaise le plus à l'oreille humaine.

Mais il n'a pas assez de variété, et puis le timbre n'est pas tout : sous le rapport de l'étendue, de l'échelle des sons, de leur sonorité, de la rapidité, de la variété, plusieurs autres instruments lui sont supérieurs, bien que l'art et le travail puissent singulièrement augmenter sa valeur instrumentale. C'est par l'expression, par la qualité sympathique du ton qu'elle plaît, bien plutôt que par des caractères purement musicaux. La voix réduite à elle-même, aux sons non articulés, ne serait même pas suffisante dans la musique pure. Y a-t-il rien de plus ennuyeux que les vocalises, les morceaux où la voix est traitée seulement comme un instrument? Il serait impossible de supporter l'audition d'une sonate écrite pour la voix seule, comme on en écrit pour le violon ou le violoncelle.

En cherchant ses effets dans la sphère instrumentale, on peut dire que la voix est en dehors du but qui lui est assigné par la nature même. Nous ne pouvons, nous empêcher d'associer les sons de la voix à l'expression des sentiments ou des idées, lors donc qu'ils se font entendre pour eux-mêmes, nous sommes comme trompés dans notre attente, mal à l'aise, et nous réclamons cette détermination intellectuelle à laquelle nous sommes habitués. En admettant même que la voix pût lutter avantageusement avec les autres instruments, la nécessité de conserver leurs sens aux paroles, en maintenant l'articulation distincte, serait une gêne, une entrave à la liberté absolue exigée par l'art.

La musique vocale est la première en date dans l'histoire de l'art, par le fait bien simple que l'homme a dû faire usage de sa voix avant de découvrir tout autre instrument.

Au début, elle se montre si intimement liée à la parole,

qu'on peut à peine les distinguer l'une de l'autre. Elle n'est guère alors qu'un degré plus perfectionné des éléments matériels de la poésie, un rhythme plus sévère, une tonalité plus rigoureuse que celle de la déclamation ordinaire, un moyen d'augmenter l'intensité des paroles pour les porter au loin, dans ces immenses théâtres de l'antiquité. A ce moment de son histoire, sa première forme est le récitatif, la mélopée, une espèce de déclamation qui est un peu plus que la parole, mais qui pourtant n'a pas encore les formes accentuées du chant. Puis la forme musicale peu à peu prend plus de relief; la régularité, la symétrie, s'introduisent dans le rhythme, et nous avons la mélodie simple avec fort peu de modulations d'abord, mais enfin la mélodie. Les progrès sont lents. Ainsi dans l'art de la statuaire, le bloc de pierre d'abord informe se modèle en tête grossière, le reste du corps demeurant simplement une gaîne sur laquelle on trace une raie pour indiquer la séparation des jambes : puis les jambes sont sculptées, avec les deux pieds de profil, ce qui est déjà une indication de mouvement, et enfin petit à petit, à la suite de longs tâtonnements, l'artiste finit par faire une œuvre d'art. C'est en suivant une aussi lente évolution que la musique vocale passe du simple récitatif à la mélodie, tout en restant soumise à la poésie à laquelle elle ajoute seulement un surcroît d'expression, une couleur générale, au moyen des différentes tonalités et du rhythme.

La mélodie seule, sans accompagnement instrumental, obligé, avec des paroles, constitue la romance ou la chanson. Les paroles expriment d'ordinaire les différentes phases d'un même sentiment, ou un petit récit dont l'amour le plus souvent est le fond. Quant à la musique, si elle exprime quelque chose, ce n'est que le caractère le plus général de la poésie : elle est gaie ou triste, violente ou tranquille, mais toujours dans une généralité tellement abstraite qu'on supporte, sans en être choqué, que la mélodie reste la même malgré la différence souvent considérable du sens des paroles dans les strophes et dans les couplets variés de la chanson. La seule modification que le chanteur puisse introduire au milieu de ces sens si divers réside dans l'expression, c'est-à-dire dans l'augmentation ou dans la diminution de l'intensité du son ou du mouvement.

Si la musique vocale a été dès le principe la compagne inséparable de la poésie lyrique, elle n'a pas tardé non plus à se mêler à l'action dramatique, à cette forme de l'art qui consiste à représenter la vie dans sa plus complète manifestation. D'abord, pour ne pas gêner l'action du drame, ni le sens des pensées exprimées par les vers, elle ne constitua qu'une espèce de mélopée, et encore seulement dans les passages où l'exaltation des sentiments autorisait la poésie lyrique, elle se bornait à accompagner servilement les paroles. Bientôt elle commença à prendre plus de développement et ne s'inquiétant plus du sens des paroles qu'en ce qui concernait le mouvement général et la situation, juste pour ne pas faire de contraste trop heurté, elle chercha sa base en elle-même et se mit au-dessus de la partie littéraire de l'œuvre.

L'opéra, de création relativement moderne, n'est que l'association plus ou moins heureuse de ces deux arts différents, la musique et la poésie dramatique. Mais au point de vue musical, ce n'est qu'une forme *composite* et bâtarde. On dispute encore dans quelle proportion doivent s'y combiner la littérature et la musique. Les Gluckistes, comme nous l'avons vu avec leur idée de langue musicale, étaient plus littérateurs que musiciens. Ils voulaient que la musique et les paroles concourussent absolument au même but, et par suite ils ne considéraient la musique dans l'opéra que comme un renfort d'expression apporté à l'élément littéraire. Il leur paraissait inconvenant de la traiter comme un art à part. Tout, selon eux, dans un drame lyrique, sert à l'expression de la pensée, le ton, le rhythme, l'harmonie, la mélodie, les gestes même de la danse..., et ils faisaient le compte rendu d'une telle œuvre mêlée comme ils auraient fait celui d'une simple tragédie. Nous ne savons plus lequel déjà des Gluckistes passionnés, l'abbé Arnault peut-être, trouvait dans un chœur d'esclaves très-compliqué d'harmonie, dans le labyrinthe de mots et de tons d'où les chanteurs semblaient ne pas pouvoir sortir, l'expression du sentiment de l'esclavage. N'est-ce pas là de la mauvaise allégorie, de celle qui habite un palais opaque? Comme rigueur de déduction, j'aime autant, pour ma part, le langage des fleurs.

Marmontel, dans les vers suivants, assez mauvais comme forme, a bien saisi le côté ridicule du système de Gluck :

> Sur son passage un nombreux auditoire,
> Environnait l'opérateur toscan,
> Qui sur le pont, théâtre de sa gloire,
> Les deux bras nus, armé d'un pélican,
> Allait d'un rustre ébranler la mâchoire.
> « — Oh, oh, dit Gluck, sans aller plus avant,
> » Je trouve ici le tragique en plein vent.
> » Écoutez bien comme il faut que l'on chante.
> » Ici messieurs, la nature est sans fard,
> » Vous allez voir qu'elle en est plus touchante,
> » Et que les cris sont le comble de l'art. »
> Sur le tréteau la victime tremblante,

Le front couvert d'une froide pâleur,
En frissonnant attendait la douleur.
Au râtelier le pélican s'attache,
Le manant crie et la dent se détache.
« Vous entendez cet accent douloureux,
» S'écriait Gluck, voilà du pathétique !
» Voilà le chant, le vrai chant dramatique. »

Cette subordination complète de l'art à la pensée amenait chez les musiciens Gluckistes la fréquence et la longueur des récitatifs, les interminables mélopées, ces déclamations qui n'ont à peu près aucun sens musical, puisqu'elles ne peuvent exister sans les paroles qui leur servent de sanction.

On comprend quel talent il a fallu à Gluck et à ses imitateurs pour ne pas faire des œuvres inacceptables en partant d'un point de vue aussi faux, et quelles caricatures musicales produiraient les disciples fanatiques qui exagèrent toujours les défauts du maître. Et cependant, ces théoriciens inconséquents ont voulu justifier leurs idées en se donnant comme beaucoup plus près de la vérité que les autres. Comme si les arts avaient affaire avec le réel ! Ils réprouvent le duo, le trio, tous les morceaux d'ensemble au nom du vrai, parce que, disent-ils, il n'est pas rationnel de faire parler plusieurs personnes à la fois. Leur erreur provient précisément de la fausse opinion qu'ils se font de la musique, et de ce qu'ils s'imaginent qu'elle est une langue comme la langue que nous parlons. Certainement s'il en était ainsi, tout morceau d'ensemble serait absurde ; mais pourquoi partir d'un principe opposé aux faits ? Le fait, c'est que les duos, les trios, les quatuors, excitent à un haut degré un sentiment de plaisir chez les auditeurs ; ce n'est donc pas l'art qui est illogique, mais bien leur théorie.

Du reste, si l'on se place au point de vue des Gluckistes, rien ne peut plus se soutenir dans l'opéra. Un pareil assemblage d'éléments disparates, de danses, de décors, de musique et de paroles, est contre toutes les règles de la vraisemblance. Mais est-ce donc la vraisemblance qu'on vient chercher au théâtre? Et cet axiome ne fait-il pas loi pour tous les arts : *ex voluptate fides nascitur*. S'il en était autrement, il faudrait ratifier le jugement de la Société académique de Saint-Pétersbourg repoussant l'opéra, « parce qu'il faut être fou pour se divertir à un spectacle où l'on pleure en chantant ». L'imagination fait aisément des concessions pourvu qu'on ne la heurte pas trop maladroitement, et puisque notre oreille admet que deux, trois, sept acteurs chantent à la fois des parties différentes, bien qu'il fût tout à fait ridicule de les entendre parler tous en même temps, nous ne voyons pas pourquoi, sous prétexte de vraisemblance, on s'interdirait les morceaux d'ensemble, qui sont l'un des plus grands charmes des opéras. A ce compte, pour ne pas nuire à l'effet des paroles, pour être plus vrai, il ne faudrait employer que les récitatifs ou les chœurs populaires, parce que ces derniers représentent les bruits confus de la foule. Mais du moment qu'on sort de la déclamation et qu'on admet le chant avec des paroles, fût-il aussi simple, aussi pur que possible, on a franchi la barrière du réel, on est dans le domaine de l'invraisemblance, et il est difficile de trouver une raison pour s'arrêter en chemin et ne pas aller jusqu'au bout. Sous prétexte de vraisemblance, il faudrait bannir alors les vers du théâtre, car dans la vie réelle on ne s'exprime jamais en alexandrins.

Encore une fois, les paroles d'un opéra sont indépendantes des formes musicales. Le drame lyrique n'est pas une œuvre une, homogène, fondue dans tous ses éléments, qu puisse être considérée comme d'une essence à part : Les paroles s'adressent à la raison, la musique à une autre faculté; chacune a son domaine distinct. La seule préoccupation du librettiste doit être de trouver des situations variées, c'est-à-dire qui permettent au musicien de changer ses tonalités, ses rhythmes, de passer du récitatif à la mélodie, de la mélodie à l'harmonie et réciproquement, d'employer enfin toutes les ressources de son art. Il ne faut pas poursuivre la fusion complète de la partie littéraire avec la partie musicale, et prétendre avec Wagner, que le compositeur pour que l'union soit plus intime, doit faire lui-même son poëme. C'est comme si l'on soutenait que le sculpteur doit aller extraire de ses propres mains la pierre dont il dégagera sa statue, ou le peintre fabriquer sa toile et ses couleurs.

Ce système de la musique littéraire, combattu par les Piccinistes, a eu pendant fort longtemps ses partisans, et les a même encore. Cette musique expressive et sans couleur soumise humblement aux paroles a été jadis ce qu'on appelait la musique française. Il serait facile d'établir que même aujourd'hui ce préjugé, ou plutôt cette habitude, de jugement subsiste en grande partie. Nous nous préoccupons trop des paroles, du sens littéraire d'un opéra, ce que ne font pas les autres peuples. En effet, ailleurs qu'en France, on comprend l'opéra comme un assemblage de morceaux de musique dont toute la liaison doit consister dans des alternatives de contrastes, mais dont on peut fort bien entendre un ou deux sans se préoccuper de ce qui précède ou de ce qui va suivre. Ainsi en Italie on vient écouter un morceau, on cause dans les récitatifs, on se rend des visites, on sort même, puis on revient pour entendre un autre air.

Il y a là certainement un abus: un grand opéra, à ne le

considérer même qu'au point de vue musical est une vaste symphonie, où toutes les parties se balancent harmonieusement et qu'on ne peut bien juger que si on l'entend tout entier. Mais il ne faut pas s'exagérer cette unité et cette cohésion.

Dans toute œuvre musicale qui porte des paroles, il n'y a ni fusion, ni mélange de la musique avec le sens littéraire, il n'y a qu'une simple superposition de deux arts tout à fait distincts : Ils se côtoient, ils peuvent se prêter un mutuel secours, mais ils diffèrent autant entre eux que l'architecture diffère de la peinture, bien que ces deux derniers arts puissent aussi se rendre des services. Grâce aux paroles, le musicien ne court plus le risque, ayant voulu par exemple imiter le désordre d'un violent amour, de rencontrer des auditeurs qui comprennent qu'il s'agit d'une tempête : Les paroles sont là comme les garde-fous de ces abîmes, qui empêchent le public d'y tomber.

Sans les paroles, la musique vocale ne signifie plus rien littérairement parlant ; quel sens peut avoir un morceau de chant sans la poésie ? Il est du reste de la plus vulgaire expérience qu'on peut changer du tout au tout les paroles d'un morceau sans rien lui enlever pour cela de sa beauté, ni de son effet : C'est ce qui arrive la plupart du temps dans les traductions d'opéras d'une langue dans une autre, et dans les duos où souvent les deux personnages chantent le même air, animés cependant de sentiments tout à fait contraires.

Si nous cherchons en quoi la musique peut directement servir l'art dramatique, nous voyons que son action dans le même domaine que la littérature, c'est-à-dire dans le domaine de l'entendement, est fort limitée. Elle ne peut guère être utile qu'à l'action en accentuant le mouvement par le rhythme. La partie instrumentale d'un opéra accompagne bien les marches, les processions, les défilés, la représentation d'une scène de la nature ; elle intervient là à titre de décor. Elle est aussi l'accessoire naturel et obligé de la danse.

Sous le rapport plus littéraire des différents caractères des personnages qui concourent à l'action, la musique peut être d'un certain secours aussi à la poésie. Elle accentue un peu plus fortement les acteurs, en leur donnant une physionomie plus marquée comme fait le costume. Et c'est surtout au moyen du timbre, cette couleur du son.

La voix humaine en effet, chez les hommes et chez les femmes dispose de trois timbres principaux qui correspondent à peu près à l'âge, et qui assignent leur rôle aux artistes chanteurs. Le *ténor* dont le timbre est plus élevé, par conséquent plus idéal, puisque l'élévation du son indique une activité plus développée, le ténor a la voix de la jeunesse; c'est le chantre de l'amour. Dans l'opéra, il représente toujours le personnage aimé, le héros.

Le *baryton* qui a la voix de l'âge mûr, remplit des rôles plus sérieux : c'est l'homme fait, l'ambitieux avide de richesse ou de pouvoir ; il est travaillé par les passions du déclin de la vie et c'est en tout état de cause le rival sacrifié du ténor.

Enfin la *basse* est la voix de la vieillesse désillusionnée, la voix des passions sombres, infernales et tristes, du Commandeur dans *Don Juan*, du fondeur de balles du *Freichütz*, de Méphistophélès, de Bertram dans *Robert le Diable*, de Marcel dans les *Huguenots*, etc... Ces trois sortes de voix se retrouvent chez les femmes, correspondant aux passions de ces trois âges différents.

Les différentes voix dont nous venons de parler, servent à distinguer entre eux les acteurs du drame, comme les traits du visage et le costume gai ou sombre, distinguent l'amoureux, le traître ou le vieillard.

Outre cette détermination par le timbre, la musique au théâtre peut encore caractériser les personnages par la nature de leur chant, doux ou violent, lent ou rapide, c'est-à-dire par le rhythme et par le genre des mélodies claires ou compliquées, faciles ou savantes qu'ils font entendre. C'est ainsi que dans le *Prophète* par exemple, les trois anabaptistes sont annoncés toujours par la même phrase musicale qu'ils chantent, ou que l'orchestre joue quand ils paraissent, laquelle devient ainsi un trait de leur physionomie.

Mais encore une fois, la musique dans l'opéra, malgré la place considérable qu'elle y tient, ne saurait donner à une telle œuvre l'unité qui lui manquera toujours. L'opéra ne sera jamais, quoi qu'on fasse, qu'une *olla podrida* de tous les beaux-arts. Pour être raisonnable, il faut renoncer à une homogénéité illusoire, et n'y voir qu'une œuvre de fantaisie qui réunit par un lien grossier et de convention la poésie, la musique vocale, la musique instrumentale, la danse, et de plus la peinture et l'architecture dans les décors. A ce point de vue l'art du compositeur, ou plutôt des compositeurs, car ici la collaboration est de toute nécessité, consistera à combiner le plus harmonieusement possible tous ces éléments disparates et à faire qu'ils ne hurlent pas trop de se voir accouplés.

Mais il faudra laisser autant que possible à chacun d'eux son caractère propre et ne pas trop le défigurer en le mutilant. Ainsi au lieu de faire la musique serve de la poésie, puisque c'est un art général, abstrait, qui ne gêne en rien la précision des autres, pourquoi ne pas lui laisser étendre ses ailes? Puisqu'en aucune façon la raison et la vraisemblance ne sauraient être satisfaites par l'alliance de la musique avec la littérature, pourquoi ne pas adopter franchement la forme la plus artistique et la plus intéressante, dût-on être un peu moins logique. Le récitatif n'est pas plus vraisemblable en somme que la mélodie. Le seul genre d'avantage qu'il ait sur elle, c'est d'être ennuyeux. Si la musique devient un accessoire, une dépendance des paroles, un moyen, au point de vue de l'art pur, ce n'est plus rien.

Dans l'opéra tel qu'il devrait être, il faudrait que le sujet littéraire ne fût autre chose que le lien d'ensemble, la grosse charpente de cette œuvre bizarre. La poésie développerait l'action, le conflit des sentiments formerait l'intérêt dramatique, et les airs, les mélodies, seraient comme des intermèdes que le spectateur pourrait entendre à son aise; les paroles de ces airs étant assez vagues et assez générales pour n'intéresser en aucune sorte l'action. Quant au récitatif, ce serait le bain de plâtre et de chaux reliant les pièces, la maçonnerie de cet édifice compliqué.

Une telle conception de l'opéra n'est pas de pure fantaisie. La plupart des meilleurs *libretti*, ceux de Métastase entre autres sont conçus dans ce plan. On peut parfaitement les jouer sur une scène dramatique en supprimant les *arie*, qui ne sont là que des ornements à part, qu'on enlève comme des décors sans rien ôter au sens de l'œuvre littéraire.

Il est facile de prévoir dès à présent qu'en France même nous en arriverons bientôt là. Le théâtre italien n'est-il pas aussi fréquenté par les vraies dilettantes que le grand opéra? Et tous les spectateurs sont loin de comprendre l'italien. La vague indication de l'action et des sentiments des personnages par le geste suffit le plus souvent au public. Du reste, dans l'opéra français même, l'émission musicale du son étant tout à fait contraire à l'articulation, la plupart du temps on n'entend pas les paroles..., et l'on s'en passe fort bien. Il suffit pour que l'attention soit soutenue et dirigée qu'on devine à peu près la nature du sentiment qui anime l'acteur.

CHAPITRE X

DE LA MUSIQUE DITE RELIGIEUSE.

Ainsi, il n'y a pas proprement à parler de musique dramatique, il y a seulement de la musique accompagnant les paroles d'un drame. En lui-même, l'art musical, ne pouvant pas nettement exprimer à l'intelligence ce qu'expriment les mots, ne peut donner à l'auditeur les idées contenues dans une action dramatique. On ne saurait imaginer en dehors des mots ou des gestes de la pantomime, un *poëme musical* ayant un sens. Une symphonie ne raconte pas une action, ne développe pas une passion, ce n'est ni une épopée, ni un drame, ni un roman d'analyse.

Ce que nous venons de dire de la musique qu'on appelle dramatique, s'applique aussi exactement à la musique dite religieuse.

C'est un sentiment très-complexe, très-mélangé que celui qu'on désigne par le nom de *sentiment religieux*. Il s'y trouve d'abord une certaine tristesse résultant de la conscience des misères de cette vie, une aspiration ardente au bonheur idéal, se traduisant par un élan de l'âme vers l'absolu : puis à cette tristesse qui a comme contraste le mouvement d'élan se joignent en grand nombre des idées de la raison pure, et entre autres principales, celle de l'infini et celle de la cause, cette loi de l'intelligence qui oblige à rattacher tous les phénomènes qu'elle perçoit à une source unique, et qui lui fait mettre dans un être supérieur les idées de justice, de droit, de moralité, etc., qui sont en nous.

De ces divers éléments qui constituent le sentiment religieux, la musique ne peut fournir que quelques-uns, mais parmi eux un des plus importants il est vrai, le sublime.

Les sons ont la puissance de nous donner l'idée d'un sublime particulier, celui de la force. Il ne s'agit pour l'art qui veut duper l'imagination de façon à lui faire embrasser d'une vue rapide l'infini, que d'éviter dans les objets qu'il présente à nos sens la trop grande netteté ou la violence de l'impression qui arrêterait brusquement l'intervention de l'imagination et la rendrait inutile. Des sons mystérieux, le timbre étouffé des cors, les bruissements interrompus de l'orchestre, le silence succédant à quelques phrases d'un rhythme peu marqué, des accords qui semblent se perdre dans l'air sans se résoudre, exciteront fortement l'imagination spéciale de l'ouïe. Et si après un silence de toutes les voix de l'orchestre, ou après un crescendo habilement ménagé un *tutti* formidable éclate, nous pourrons éprouver le sentiment du sublime.

Ce n'est pas tout : la musique doit prétendre encore à une autre espèce de sublime : en nous donnant l'idée de l'infini de quantité.

La multiplicité des sons, la variété des timbres de l'orchestre, la diversité des accords, les motifs qui s'entrecroisent, s'enlacent de toutes façons et semblent se poursuivre sans fin, tous ces moyens s'emparent de l'imagination et la portent au sublime, surtout si les sons se perdent peu à peu dans des formes vagues et indéterminées qui laissent croire à l'oreille qu'il y a encore d'autres sons plus nombreux qu'elle n'entend pas.

Mais le sublime ne suffit pas à constituer le sentiment religieux, et il reste vrai de dire qu'il n'y a pas de musique religieuse. Tout ce que peut faire l'art musical c'est de placer l'âme dans cette disposition mélancolique ou exaltée, qui forme comme les deux moments principaux du mouvement religieux. Le reste est du ressort de l'intelligence sur laquelle agiront, soit les paroles du chant, s'il s'agit de musique vocale, soit le lieu même où cette musique sera entendue.

Quand vous entrez dans une église gothique vaste et haute, au jour qui filtre mystérieusement à travers les verrières, le silence, la destination du lieu, la foule qui prie, tout concourt à mettre votre âme dans une situation calme et recueillie : le sentiment religieux, celui de la crainte et du sublime commence à naître en vous. Alors, que l'orgue retentisse ébranlant profondément votre sensibilité avec ses timbres sympathiques, toute votre sensibilité vibre, elle est en mouvement, et par conséquent éminemment impressionnable et docile aux influences de votre imagination ou de votre raisonnement. Si la voix de l'orgue d'abord faible et douce, s'élève, s'élève toujours accompagnant le chant, d'une harmonie de plus en plus riche et savante, si la sonorité augmente au point de vous faire imaginer une progression toujours croissante jusqu'à devenir formidable, alors à toutes les idées qui sont déjà entrées dans votre âme, s'ajoute comme couronnement la dernière, la plus caractéristique du sentiment religieux, l'idée du sublime.

Comme tous les beaux-arts, la musique a pris naissance dans l'église, parce que comme tous les beaux-arts elle est une des forces qui poussent l'homme vers l'idéal qui est au fond tout le sentiment religieux. Mais elle n'est pas plus religieuse qu'un autre art, pas plus que la sculpture ou l'architecture. Elle n'a ce caractère que quand elle se produit dans l'église, avec des paroles religieuses, ou avec une destination sacrée bien déterminée.

S'il en était autrement, s'il y avait une musique religieuse, comment pourrait-il se faire qu'en Italie et dans les contrées méridionales, la musique d'église n'ait pas du tout le caractère qu'on lui reconnaît en France et qu'on pût jouer des airs de danse à l'Élévation ? Si la musique avait un sens spécial, un pareil quiproquo serait-il possible ? Ce serait aussi absurde que de supposer qu'un orateur chrétien peut lire, en chaire, indifféremment, ou une homélie de Massillon, ou les contes de Lafontaine. Du reste, le caractère de religiosité attribué à la musique est pour ainsi dire une conception moderne du romantisme.

Le Concile de Trente a agité sérieusement la question de savoir si l'on ne supprimerait pas la musique dans l'église. Le moyen âge comprenait si peu le caractère religieux de la musique dans le sens que nous l'entendons aujourd'hui, qu'il en faisait le résultat d'une idée abstraite et qu'il disait la musique *religieuse*, parce qu'elle réflétait les harmonies célestes. Tout le monde sait que dans plusieurs anciennes messes françaises, on trouve des paroles obscènes à la partie du ténor : Le compositeur uniquement préoccupé de savantes combinaisons, prenait la plupart du temps pour thème à développer une chanson populaire qui servait de base à l'édifice compliqué des sons. Parlerait-on aujourd'hui de musique excitant le sentiment religieux si ceux qui écrivent des messes faisaient de la fugue et du contre-point sur les airs ignobles qui courent les rues ?

Si l'on définit la musique religieuse : une musique grave et simple, aussi dégagée que possible de tout ornement, on définit là un des traits du sentiment religieux. Ce n'est pas autre chose qu'une abstraction symbolique. Dans la musique profane on pourra trouver aisément des morceaux qui ont les caractères exigés pour la musique religieuse et qui pourtant ne sont pas le moins du monde composés pour exciter des sentiments religieux. Presque tous les morceaux de *basse* ou de *contralto* des opéras, toutes les romances lentes des ténors, peuvent être chantés dans l'église.

En prétendant avec un assez grand nombre de musiciens que le plain-chant constitue la seule vraie musique religieuse, on tombe dans une autre erreur. De ce que le plain-chant est la forme musicale dans laquelle nous ont été transmises les prières de l'Église, il nous semble peu logique de conclure que cette forme soit pour cela plus religieuse qu'une autre. De même l'orgue, qui passe pour religieux, n'a évidemment cette signification que parce qu'il a toujours été l'instrument habituel de l'église et qu'il en est pour ainsi dire l'immeuble par destination. Nous ne prenons pas garde que le caractère religieux que nous trouvons au plain-chant provient précisément de ce que nous avons l'habitude de l'entendre chanter dans des lieux consacrés à la prière et avec des paroles exclusivement religieuses. Il accompagne dans notre imagination la vieille cathédrale, le costume antique du prêtre, les vitraux de couleur, les peintures polychromes des colonnes et de la voûte : nous aimons sa forme archaïque, ses tonalités bizarres, qui s'harmonisent bien avec la naïve gaucherie des statues, et nous trouvons même du plaisir à voir sa notation inusitée ailleurs. A l'audition de ces chants, l'imagination ressuscite les siècles qui dormaient dans la poussière et l'émotion historique surgit en nous. Cette signification que nous attribuons au plain-chant est donc purement traditionnelle et un fait de l'association des idées.

Si l'on objecte que le caractère religieux du plain-chant réside dans la nature même de cette musique qui est calme, qui ne module pas, dont la base est la consonnance, qui n'a pas la mesure, dont le rhythme est très-peu accentué, nous avouons ne pas saisir en quoi ces divers caractères constituent la *religiosité*. Il n'y a pas rien que le sentiment religieux qui pourrait se rendre ainsi : la satisfaction des sens, le *farniente* voluptueux, un beau jour d'été, une mer limpide, ne s'exprimeraient-ils pas de la même façon, avec tous les caractères que nous venons d'énumérer, sans compter que le sentiment religieux n'a pas toujours cette tranquillité et cette simplicité dont on veut parler et que l'exaltation, les élans de l'âme, la sombre douleur, les ravissements de la joie, y entreraient bien pour quelque part, tous mouvements de l'âme que le calme ne saurait guère exprimer. Que la musique du plain-chant soit conservée pour l'église, rien de mieux ; elle a son importance artistique dans l'ensemble du tableau que présentent les antiques cathédrales, et nous comprenons qu'on combatte pour la maintenir. Ce serait une contradiction, dans un siècle comme le nôtre, épris de la couleur locale, de supprimer le plain-chant lorsqu'on repeint les vieilles églises comme elles l'étaient autrefois avec leur voûte d'azur constellée d'étoiles d'or et lorsqu'on s'étudie à reproduire dans leurs plus minutieux détails toutes les sculptures devenues frustes des édifices religieux. Nous comprenons que le clergé soit le conservateur jaloux du plain-chant. N'est-ce pas pour lui l'art de l'âge d'or de l'humanité, de cet âge où la foi robuste transportait littéralement les montagnes et les transformait en cathédrales, fouillées au ciseau.

Si le clergé repoussait cette musique, lui qui se fait gloire de représenter en tout le passé, il ne comprendrait pas ses intérêts. Mais au point de vue de l'art absolu, l'archaïsme du plain-chant n'est pas plus soutenable que la statuaire du moyen âge ou que sa peinture.

CHAPITRE XI

LA MUSIQUE A-T-ELLE DE L'INFLUENCE SUR LES MŒURS ?

Cette question de la musique religieuse touche de près à une autre non moins importante, celle de la musique morale.

Nous commençons par le déclarer, l'influence de la musique sur les mœurs nous a toujours semblé un de ces vieux systèmes à jeter au panier, bien qu'il ait fait les délices de nos pères. C'est notre engouement pour la Grèce et pour Rome qui a mis autrefois à la mode cette théorie ridicule de la *musique morale*. Il était convenu qu'il fallait tout admirer dans l'antiquité, même ce qu'on ne connaissait pas. Les anciens pensaient que la musique avait une grande influence sur les mœurs, et sans savoir ce qu'était la musique des anciens, nous avons affirmé à notre tour que l'art musical a une grande influence sur les mœurs. On ne songe pas que si l'antiquité croyait à l'action morale de la musique, c'était parce qu'elle ne séparait pas la musique de la poésie, et quand elle disait que le mode dorien inspirait la chasteté, le mode mixolydien la luxure, tout en faisant une forte part à l'exagération naturelle aux peuples du Midi, il faut entendre par là différentes espèces de poésies plutôt que des formes musicales particulières. Ces effets puissants mentionnés dans les auteurs anciens, ce mode phrygien par exemple, qui faisait entrer en fureur Alexandre, sont des plus contestables, et dans tous les cas ils ne prouvent rien pour la musique des Grecs, sinon que les Grecs étaient peut-être plus accessibles par leur tempérament à l'action matérielle de l'art. Il est probable maintenant qu'ils nous laisseraient parfaitement froids avec toutes leurs variétés de modes.

Il ne faut pas oublier non plus, encore une fois, que les Grecs étaient légèrement hâbleurs, et il faut renvoyer leurs contes musicaux à ceux qui croient aux raisins de Zeuxis. Si la musique grecque eût été un art véritablement à part de la poésie, ayant son existence propre, il est probable qu'il nous en resterait des spécimens qui auraient été précieusement conservés d'âge en âge, tandis que nous n'en avons absolument rien.

Tant que la musique est demeurée dans le sanctuaire de l'église, sous la forme du plain-chant, il n'a pas été parlé de son influence morale, parce qu'elle se confondait avec la religion. Mais c'est quand elle a commencé à devenir un art libre, quand on en a ébauché la philosophie, lorsque, cherchant à remonter à sa nature et à son principe, on a imaginé les belles théories de la musique *langue du sentiment, art d'imitation*, qu'on est arrivé naturellement, par une pente forcée, à lui donner une influence sur la morale. Pendant tout le XVIIIe siècle cet axiome a été accepté comme incontestable que la musique est un art qui intéresse particulièrement les mœurs.

La république française, tenant à honneur de se modeler sur les républiques de Sparte et d'Athènes, et qui voulait reconstituer les vertus antiques, n'avait garde d'oublier l'influence morale de la musique. Dans tous les programmes d'éducation laconnienne qui parurent à cette époque, la musique est au premier rang. Napoléon, qui se figurait volontiers, avant d'être césar, qu'il pourrait devenir le législateur d'un peuple républicain, écrivait de Milan aux inspecteurs du Conservatoire qui l'avaient chargé de faire copier de la musique en Italie :

« De tous les beaux-arts, la musique est celui qui a le
» plus d'influence *sur les passions*, celui que le législateur
» doit le plus encourager. Un morceau de musique, *moral*
» et fait de main de maître, touche immanquablement le
» sentiment et *a beaucoup plus d'influence qu'un bon ouvrage*
» *de morale qui convainc la raison sans influer sur nos habi-*
» *tudes.* »

L'esthétique du vainqueur d'Italie ne différait pas de celle de tous ses contemporains. Mais je suppose que si l'on eût demandé au grand donneur de batailles ce qu'il entendait par un morceau de musique morale, il eût été bien embarrassé et se serait vu forcé d'avouer sans doute qu'il ne comprenait par là autre chose qu'un morceau de chant avec des paroles morales.

La morale n'existe pas en dehors de l'idée de droit et de devoir, de mérite et de démérite. Elle se formule dans les axiomes : *Fais à autrui ce que tu voudrais qu'il te fût fait à toi-même*, ou bien, *Agis de telle sorte que le motif de ton action puisse toujours être érigé en loi universelle pour tous les êtres raisonnables*. Or, quel rapport des sons artistement façonnés, des formes musicales, des accords, des modulations, peuvent-ils avoir avec le droit et le devoir, avec la justice et l'honnêteté, avec l'injustice et la déloyauté ?

Si l'on admet les axiomes que nous venons de citer,

peut-on reconnaître une musique vertueuse et une musique vicieuse en dehors de la musique vocale, où les paroles ont un sens? Dira-t-on d'un solo de violon qu'il est immoral ou d'un quatuor qu'il n'est pas honnête? A-t-on jamais imaginé de donner le prix Monthyon à une symphonie?

Il serait absurde d'insister davantage. La musique n'a rien à faire avec la morale, puisqu'elle ne produit pas directement les passions, puisqu'elle est même, comme nous l'avons vu, impuissante à les exprimer clairement. Si l'art musical touche d'une façon éloignée à la morale, c'est simplement par le côté le plus général, par celui qui appartient à tous les arts, par la faculté qu'il a en tant qu'art de pousser l'âme vers l'idéal. A ce compte, veut-on avancer que la musique la moins matérielle est la plus morale, en ce qu'elle détache davantage l'homme de la vie des sens, nous ne nous y opposons pas. Mais là il s'agit plutôt de l'influence exercée par le beau en général que de l'essence même de la musique.

Si l'on veut à toute force trouver un point de contact de la musique avec la morale, il faut considérer seulement les modifications physiques qu'elle apporte dans l'homme, l'excitation ou le relâchement qu'elle produit dans son activité et s'étayant sur ce principe : *mens sana in corpore sano*, dire que la musique énervante et amollissante est moins morale que celle qui inspire l'énergie et la joie. La tristesse et la gaieté ont, il est vrai, un certain caractère moral, en ce que la gaieté c'est la force, l'activité, la bonne santé, en ce qu'elle dispose par conséquent à l'action, à la fermeté, tandis que la tristesse engendre la mollesse, énerve l'âme, l'affaiblit et l'empêche de lutter contre les mauvais instincts.

Bossuet avait bien compris que c'est par ce seul côté

que la musique indirectement touche à la morale. Et voici comment il expliquait l'influence pernicieuse que cet art peut exercer sur les hommes :

« Ce n'est rien pour ainsi dire, en particulier, et s'il
» fallait remarquer précisément ce qui est mauvais, on
» aurait peine à le faire. C'est le tour qui est dange-
» reux : c'est qu'on y trouve d'imperceptibles insi-
» nuations de sentiments faibles et vicieux ; qu'on y
» donne un secret appât à cette intime disposition qui
» ramollit l'âme et ouvre le cœur à *tout le sensible*. On
» ne sait pas bien ce qu'on veut, mais enfin, on veut
» vivre de la vie des sens. Cette disposition est mauvaise
» dans tous les hommes. »

C'est ce qu'avait compris aussi le concile de Tours cité par le même auteur dans ses réflexions sur la comédie : « Toutes les choses, dit le troisième canon, où se trouvent les attraits des yeux et des oreilles, par où l'on croit *que la vigueur de l'âme puisse être amollie*, comme on peut le ressentir dans certaines sortes de musique et autres choses semblables, doivent être évitées par les ministres de Dieu. » Mais c'était aller trop loin, lorsque le concile ajoutait : « Par tous les attraits des oreilles et des yeux,
» une multitude de vices a coutume d'entrer dans
» l'âme. »

Mézerai disait d'Anne de Boleyn qu'elle savait trop bien chanter pour être sage, reproche que Salluste avait déjà fait à une dame romaine. Mais ils entendaient évidemment tous les deux que les femmes ont tort de trop s'adonner à la culture d'un art qui détourne des soins du ménage et de la vie calme, retirée et modeste que nous désirons pour la gardienne du foyer.

Ce reproche d'immoralité fait à la musique pourrait aussi bien être adressé à tous les autres arts, surtout si l'on admet que le désir de l'idéal se confond avec la volupté.

Mais n'est-ce pas une vue étroite et mesquine de considérer l'art, cette fleur de l'esprit humain, comme un élément corrupteur? Libre aux esprits moroses de tenir la grossièreté pour la vertu, mais on ne nous persuadera jamais qu'un cœur qui brûle de l'amour du beau soit plus exposé au vice qu'un autre. Certainement, si l'on ne perçoit l'art que par son côté sensible, si dans une statue qui serait la plus pure expression de la beauté de la femme, on ne voit que la représentation de la chair, si dans la musique on n'est impressionnable qu'à l'excitation matérielle du rhythme, il faudra condamner ces deux arts comme poussant à s'abandonner aux plaisirs des sens. Mais précisément parce que le but de l'art est de réaliser la beauté, cette forme sensible du vrai, il fait disparaître pour ainsi dire la matière, il l'efface, il la fond dans l'auréole éblouissante du beau. Plus l'œuvre sera belle, plus les hommes deviendront capables de l'admirer, moins ils seront accessibles à ces impresssions physiques que chaque art emploie comme moyen, mais non comme but.

Dans tous les cas, l'art ne saurait être responsable des résultats qu'il peut produire en agissant sur des organisations déjà malades et sur des esprits que la simple agitation nerveuse a dépravés, parce qu'elle fait naître en eux de mauvaises pensées. Ces conséquences tout à fait indirectes ne sauraient être imputées à la musique, qui est irresponsable parce qu'elle demeure tout à fait en dehors des sentiments particuliers, ne pouvant, comme nous l'avons vu, les exprimer. Or ce n'est qu'en forçant, en dénaturant le sens des mots, qu'on peut dire qu'elle a de l'influence sur les mœurs, parce qu'elle augmente ou relâche l'activité.

Le seul moyen qu'ait la musique à sa disposition pour agir moralement, c'est de prêter aux poëtes le secours de sa forme rhythmique et cadencée pour imprimer plus profondément dans la mémoire des auditeurs des chants dont les paroles sont morales et élevées.

CHAPITRE XII

DE LA MUSIQUE INSTRUMENTALE.

La musique vocale, comme nous l'avons dit, est resserrée par la nécessité de se subordonner aux sentiments qu'elle exprime : de là l'obligation pour elle de s'en tenir presque exclusivement à la mélodie et à la mélodie la plus simple, la plus facile à saisir, la mieux caractérisée. Dans la musique dramatique, dans l'opéra, l'action, la mise en scène, les décors, le libretto, les convenances de rôles et de situations, sont autant d'entraves qui empêchent l'art des sons de se développer librement. Là le compositeur n'a pas le droit de faire de longues répétitions de plusieurs phrases, de parties même entières de l'œuvre reproduites dans un autre ton, comme un tableau qu'on peindrait avec d'autres couleurs et de nouveaux détails; il faut qu'il marche devant lui, se bornant tout au plus à faire entendre deux fois le même chant avec des paroles différentes. La musique dramatique n'a que le *point d'orgue* où la voix puisse se donner carrière, suivre sa fantaisie et agir en instrument, et encore cet agrément est-il d'un goût assez contestable. De plus, la nécessité de faire comprendre les paroles empêche les formes purement musicales de se développer librement, sans règle qui enchaîne leur caprice.

Outre ces entraves, la musique vocale est encore restreinte par la voix elle-même, considérée comme un instrument, dont l'échelle limitée oblige le compositeur à écrire trop souvent dans les mêmes tons.

Pour toutes ces raisons, cette forme de l'art est véritablement insuffisante. Il a donc fallu imaginer des moyens artificiels pour donner à la musique la liberté qui lui manquait et pour lui permettre d'user de toutes les ressources qu'elle peut trouver dans la variété des timbres, dans l'acuité, la gravité, la sonorité, dans la rapidité du mouvement, etc. Ce fut ainsi qu'on arriva à la musique instrumentale.

La musique pure, la musique instrumentale, se développe dans l'infini des sons. C'est l'art libre, abstrait, qui n'imite rien, qui n'a de signification qu'en lui-même. Tandis que la musique vocale reste simplement humaine, ne se comprend pas en dehors de l'homme qu'elle exprime dans sa vie sensible et intellectuelle, la musique instrumentale est extérieure à l'homme ; son domaine c'est l'infini, c'est la matière qui vibre animée d'une vie spéciale, qui rend des sons, lesquels se combinent et se développent selon les lois imposées par la nature et par l'intelligence.

Cette forme de l'art, la plus pure, la plus idéale, est d'invention relativement moderne, comparée à la musique vocale. Dès le principe les paroles ont été accompagnées de chant, mais on est resté longtemps avant de comprendre l'art des sons pour lui-même. L'éducation a été laborieuse, et depuis Platon, qui considérait la musique en dehors de la voix, la musique instrumentale, comme « un pur charlatanisme », jusqu'à Beethoven, le chemin a été long à parcourir.

L'histoire de tous les arts, du reste, est à peu près semblable. Ils ont tous commencé par fournir des formes arbitrairement symboliques à la pensée, avant d'être considérés pour eux-mêmes comme moyens d'exprimer chacun une espèce particulière de beauté. Aux époques primitives, les statues, les bas-reliefs peints, les personnages des enluminures ou des tableaux ont des légendes dans la bouche indiquant l'action à laquelle ils prennent part, leur état, leur condition, ou le sujet représenté; les arts plastiques ne se séparent pas de l'idée. Dans ces âges naïfs un lien étroit, indissoluble, réunit aussi la musique avec les paroles.

Il était réservé seulement à notre temps de dégager l'art musical de ses langes, de ses lisières, et de le poser dans sa forme pure et essentielle, dans la musique instrumentale.

Ce développement a été très-lent, plus lent que celui de tous les autres arts, sauf un peut-être, le paysage, qui, lui aussi, est un art romantique.

De même que le paysage chez les anciens maîtres n'apparaissait que comme un accessoire, comme fond du tableau ou du portrait, de même la musique d'instruments n'a été longtemps que le fond, l'empâtement sur lequel saillait en relief le chant de la voix avec des paroles. De ce rôle subalterne la musique instrumentale passa insensiblement à un rôle plus important. L'accompagnement devint de plus en plus riche, de plus en plus accentué, il alterna avec la mélodie, puis bientôt ce fut la mélodie qui souvent descendit dans l'orchestre, jusqu'à ce qu'enfin les instruments ayant conscience de leur personnalité, voulurent parler tout seuls et chassèrent la voix de leur domaine.

Le paysage, en même temps, passait à peu près par

les mêmes phases. Ces petites montagnes bleues en pain de sucre, ces rivières serpentant au milieu de prairies couvertes de fleurs et d'animaux étranges, ces châteaux crénelés, ces moulins, ces ruines, tout cet amas d'objets sans perspective qui forment chez les peintres primitifs les fonds de tableau, finissent par prendre de plus en plus de développement aux dépens des portraits ou des personnages, qui se rapetissent d'autant. Bientôt les montagnes, les bois, les maisons, envahissent la toile, luttant d'importance avec les figures, puis un jour enfin tout cet appareil de fabriques qui semblaient indispensables au paysage disparaît, et la nature fait irruption dans le cadre, la nature pure, libre, indépendante des constructions humaines, la nature pour elle-même, avec ses rochers, ses prairies, ses forêts et ses vastes horizons. L'homme a disparu, ou s'il se montre encore, ce n'est qu'un accessoire, sans plus d'importance qu'un bœuf, un chien ou un cheval, et même, la plupart du temps, c'est une simple touche de couleur, un point blanc ou rouge, une note vive dont se sert le paysagiste pour relever la monotonie des tons verts.

De même que le paysage prit naissance comme art indépendant en Allemagne, en Hollande, de même aussi la symphonie vient du Nord : et ce fut précisément à l'époque de ce grand mouvement dans les idées qu'on appelle le romantisme, mouvement qui eut une éclosion plus précoce en Allemagne, où l'on comprit que tous les arts en général doivent avoir une existence propre en dehors des fins et des moyens étroits qu'on leur avait assignés jusque-là.

La musique instrumentale et le paysage sont donc à ce point de vue deux arts essentiellement romantiques et de découverte moderne. Nous ne voulons pas dire pour cela que la musique instrumentale n'existait à aucun degré avant les grands symphonistes allemands du xviiie siècle. Elle existait, mais on ne la comprenait encore que comme accessoire de la danse. Vous retrouvez dans l'ancienne musique de chambre des noms qui trahissent cette origine grossière : *gavottes, menuets, allemandes, courantes, passe-pieds, chaccones,* etc. Il est vrai de dire qu'autrefois on considérait la danse comme chose sérieuse et que cette musique n'avait par conséquent pas tout à fait le caractère frivole qu'on pourrait lui supposer. Néanmoins, la musique instrumentale ne formait pas encore l'art pur que nous avons maintenant : elle était un moyen et non un but, un accessoire du mouvement corporel et non un art indépendant. Il a fallu bien des années et une révolution dans les arts, comme nous l'avons dit, pour dégager la musique instrumentale, pour la faire arriver à cette conception idéale que nous en avons maintenant.

La musique d'instruments, considérée pour elle-même, ayant comme principale expression la symphonie, est la dernière venue des créations artistiques, et dans le cycle immense de progrès que parcourent toutes les choses humaines, ce sera la dernière forme de l'art.

Il ne faut chercher dans la musique instrumentale aucune des déterminations qu'on demande à un opéra. La symphonie est une construction architectonique de sons, avec des formes en mouvement, et ne signifie absolument rien dans le sens littéraire. Si l'on objecte que quelques musiciens, comme Haydn par exemple, prenaient pour sujet de leur symphonie un petit drame à développer, c'est là simplement un procédé pour donner un peu d'unité au sujet, pour régler une fougue qui aurait pu être trop capricieuse. Dans ce cas, la charpente, bien loin de déterminer la forme, a tout au plus l'importance de ces morceaux de fer que les sculpteurs mettent dans leur statue d'argile pour en soutenir les membres. Certains musiciens, exagérant l'importance de ce canevas dont la majorité des compositeurs sait fort bien se passer, ont voulu indiquer à l'auditeur, dans un programme, les différents sentiments ou les idées exprimés par la symphonie. Nous n'avons pas besoin de prouver encore une fois que c'est là une imagination puérile; dans tous les cas, les compositeurs seuls auraient le droit d'en agir ainsi : s'ils ne le font pas, c'est qu'ils seraient la plupart du temps fort embarrassés de dire ce qu'ils ont entendu exprimer. Ils ont arrangé des formes musicales, combiné des sons, mais sans chercher plus loin. Pour une œuvre purement instrumentale qui porte un titre signifiant quelque chose, comme la *symphonie pastorale*, combien d'autres ne sont et ne peuvent être désignées que par le ton dans lequel elles sont écrites. Et encore la *symphonie pastorale* aurait pu sans inconvénient porter tout autre nom. Si l'on retranche, en effet, le chant du hautbois dont le timbre s'associe naturellement pour nous à l'image de la campagne, rien n'y appartient particulièrement à la nature et ne la peint à l'imagination. A considérer au fond la musique, dans les formes qu'elle emploie, il lui serait aussi difficile d'être pastorale que financière, je suppose.

Cette thèse, qui peut paraître paradoxale, n'est pourtant que l'expression de la vérité la plus banale pour ceux qui auront pris la peine de nous lire jusqu'ici. Il ne faut point chercher dans la musique instrumentale ce qui ne s'y trouve pas, des idées comme celles que contiennent les mots. Un programme, aussi vague soit-il, est encore trop précis pour elle. Ce qui lui conviendrait le mieux, si l'on voulait à toute force lui adjoindre quelque chose d'explicatif en dehors d'elle, ce serait le geste, parce qu'il est une manifestation du rhythme, et que nous nous accommodons très-bien de percevoir le rhythme par l'œil et par l'oreille en même temps, et parce que la musique agit sur notre organisation d'une manière très-souvent analogue aux arts du dessin. Rien ne s'harmonise mieux que les sons et les formes, surtout lorsque les formes sont en mouvement, comme dans la danse. Au point de vue de l'art musical pur, le ballet est donc un genre supérieur à l'opéra.

La symphonie n'est pas le moins du monde un opéra muet. Si l'on dit qu'un trio, un quatuor, etc., forme comme un petit drame, dont chaque instrument est un acteur, chaque instrument ayant en effet sa physionomie particulière et comme son rôle tracé par sa nature même, c'est une agréable métaphore et rien de plus. Nous arrivons à cette analogie parce que le son qui nous est le plus familier, celui de la voix, est ordinairement pour nous signe d'idées, et de là nous voyons dans une symphonie autant de personnages que de voix différentes. L'image serait bien plus juste si l'on considérait chaque instrument comme une couleur spéciale et le compositeur comme un peintre qui combinerait les tons ou les emploierait séparément pour donner du relief à son dessin et pour en colorer diversement les différentes parties.

La division, l'espèce de scénario du quatuor ou de la symphonie, basée d'ordinaire sur les mouvements, *andante*, *adagio*, *menuet*, etc., n'est qu'une charpente, un cadre destiné à guider le compositeur et à lui fournir des oppositions, des contrastes qui sont une condition essentielle pour la musique. On aurait tort d'y chercher une signification intellectuelle, comme font les sentimentalistes qui prétendent que la sonate, par exemple, se propose d'exprimer les diverses situations de l'âme dans un sentiment fondamental. Ne seraient-ils pas bien embarrassés si on leur demandait de préciser ces diverses situations? L'ordre des mouvements dont nous venons de parler n'est même pas nécessaire, on pourrait l'intervertir; pourvu que l'opposition subsistât entre les différentes parties, il n'en faudrait pas davantage. Cependant il est évident qu'une certaine logique demande qu'à un auditeur non encore lassé on présente les morceaux lents, travaillés, compliqués, et qu'à la fin on réveille son attention par un finale rapide, un scherzo impétueux. La nature même des choses indique cette marche : la division des œuvres instrumentales en andante, menuet, rondo, adagio, presto, etc., n'a pas d'autres sens que celui-là.

Si la musique d'instruments avait une signification précise comme la littérature, il est évident qu'on ne se bornerait pas à diviser une œuvre seulement par la différence des mouvements ou à la spécifier par cette désignation si vague de la tonalité, désignation qui n'est intelligible que pour les hommes du métier. Vous ne verrez jamais indiquer une sonate de Mozart ou de Beethoven par le sentiment qu'elle exprime. Si en dehors de la tonalité on veut préciser davantage, il faut accumuler des caractères qui portent toujours, non pas sur le sentiment de tel ou tel passage, mais sur le mouvement, le rhythme, les accidents de modulation, etc. Pourrait-on arriver à s'entendre, si l'on voulait indiquer un morceau instrumental par le sujet? dire, par exemple, que telle sonate représente la moisson, telle autre la vendange, une autre l'espoir trompé, l'amour heureux, etc...? La musique instrumentale ne répond pas du tout à des idées qui puissent se transmettre par des mots. Les critiques musicaux, qui n'ont pas l'air de se douter de cette vérité si simple, essayent toujours de décrire une œuvre symphonique à un lecteur qui ne l'a pas entendue. Il n'y a rien d'amusant comme de les voir patauger dans l'impossible et appeler à leur secours tout l'arsenal des comparaisons, le vent, la mer, l'amour, les pleurs, le ciel et ses étoiles, etc. Prenons au hasard une de ces pages que nous empruntons à un critique musical quelconque :

« La première partie — il s'agit d'une sonate de Bee-
» thoven — se compose d'un thème original (3/8 *la*
» *bémol*) suivi de cinq variations... Le dessin mélodique
» du thème nous a rappelé ces jours d'automne qui, résu-
» mant les trésors de la belle saison, ont pour fond le
» regret de la voir passée, pour horizon l'espoir de la
» voir renaître. Rochlitz y reconnut une histoire de vil-
» lage, toute la vie d'un jeune cœur, éclose sous le
» chaume, cachée sous les épis, bercée par les molles
» brises. Astéroïdes de la douce étoile du thème, ces
» variations nous semblent plus haut placées que les
» villageoises amours de Rochlitz. Si la campagne est
» leur théâtre, elles ne chantent, ni un curé comme le
» veut Rochlitz, ni un village, si charmant qu'il pût être,
» mais bien tout ce qui respire, tout ce qui aime dans la
» nature. La dernière variation surtout est empreinte
» d'un calme qui n'est plus de cette terre. Elle amène
» vers la fin une phrase mélodique qui, pour ne pas être
» le thème, lui appartient cependant comme les cieux
» appartiennent à la terre. Cette phrase ineffable égale
» les lettres passionnées de la *Nouvelle Héloïse*. Elle est
» simple et vraie comme la grande nature qui inspira
» Jean-Jacques ! » (Lenz, *Beethoven et ses trois styles*.)

J'arrête là cette critique extravagante entassant comparaisons sur comparaisons, vain exercice de rhétorique qui fait cliqueter des mots, et je prends un autre passage du même livre, plus technique, mais qui tout en visant à une plus grande précision, n'en est pas moins inintelligible.

Il s'agit d'une fantaisie de piano de Beethoven : « Au
» début, une gamme à travers tout le clavier vous conduit
» à quelques mesures d'adagio, *sol* mineur, dont se dé-
» tache un allegro d'une pastorale allégresse 6/8 *si* bémol ;
» à peine commencé, un tourbillon de *gruppetti* à cinq
» triples croches l'emporte, et jette le 6/8 dans un allegro
» *con brio* à deux temps, *ré* mineur, espèce de *toccata*
» obligée à son tour de revenir à l'adagio de quatre me-
» sures proposé alors en *la* bémol majeur. A peine les
» sons graves ont-ils jeté leur note plaintive qu'il s'en
» échappe un presto indomptable *si* mineur. Ce presto, où
» la bordée d'octaves, entre le premier et le second point
» d'orgue, est d'une grande difficulté d'exécution, a été
» fort imité. Weber et Mendelsshon l'avaient pour ami.
» Dans le *Erlkœnig* de Schubert, dans le *Mazeppa* de
» Lœwe, partout où piaffa un cheval, ce presto le
» nourrit, l'étrilla, le pansa. C'est là un presto pur sang,
» primitif, trop bref seulement, et l'adagio de quatre
» mesures de revenir, de l'arrêter au milieu de sa course,
» de lui jeter son exhortation. Les quatre mesures d'a-
» dagio qui sont la clef de voûte de cet édifice revien-
» nent à trois fois, comme la conscience qui se prendrait
» à parler. Il s'en élève à la fois un hymne de reconnais-
» sance, allegretto 2/4 *si* majeur, qui promet de durer.
» Il module en *ut* majeur, tant il prêche le presto et
» tant celui-ci est contrit et repentant de ses écarts ;
» mais le failli n'y tient pas, son mauvais génie l'em-
» porte ; il aime mieux succomber aux rhythmes les plus
» étranges, aux notes les plus barrées. Le petit adagio
» l'y suit pourtant. Une dernière fois il pousse son

» soupir, mais pour pleurer cette fois l'ami perdu à
» jamais. Ces pieux accents disparaissent enfin dans la
» dernière ondée de cette mer pleine d'orages, qui des
» basses monte rapide à la tonique de *si* majeur, et clôt
» cette scène qu'on croirait être quelque légende du
» moyen âge racontée par Beethoven. »

Est-ce la peine de discuter une pareille critique ? Peut-il se rencontrer un homme de bonne foi qui affirme qu'elle lui a donné l'idée de la sonate ? Eh bien, c'est pourtant la manière habituelle de procéder de ceux qui ont à parler de la musique instrumentale. Cela ne prouve-t-il pas jusqu'à la dernière évidence qu'il est impossible de faire comprendre la musique avec des mots ?

Ils ont du moins l'excuse de la modestie, ceux qui, dans un feuilleton qui doit être lu par tout le monde, rendent compte d'un opéra en racontant le libretto ; mais quand il s'agit d'une symphonie, d'un quatuor ou d'une sonate, il n'y faut pas songer. Même une critique qui serait un procès-verbal technique resterait incomprise des musiciens, s'ils n'ont pas la partition sous les yeux. A propos d'une œuvre instrumentale on ne peut exprimer que des jugements.

§ I.

La musique instrumentale, nous l'avons vu, ne s'est d'abord produite que dans l'accompagnement de la musique vocale, ou associée aux mouvements du corps, à la danse, par conséquent sous une forme qui n'avait pas toute l'indépendance qu'elle devait conquérir dans les trios, les quatuors, les symphonies, etc. Encore maintenant, à côté de la musique instrumentale pure, nous avons des genres inférieurs et subalternes, où l'"instrument pour l'ordinaire n'est que l'humble esclave de la voix, à laquelle il sacrifie complétement sa personnalité, devant laquelle il s'efface, mettant tous ses efforts à mieux la faire valoir. La guitare, la harpe, le piano, semblent presque exclusivement destinés à ce rôle domestique. Les accords qu'ils frappent sous la mélodie, ces dessins monotones de rhythmes répétés pendant toute la durée de l'air, ressemblent aux draperies, aux moulures décoratives, aux fonds chauds ou clairs que les peintres placent derrière leurs portraits pour mieux faire ressortir la tête. Un auditeur inexpérimenté saisit à peine l'accompagnement dans son existence propre, Il n'en aperçoit que l'effet.

Mais la musique instrumentale concourant avec la musique vocale, n'a pas toujours cette infériorité, cette insignifiance qu'on peut remarquer dans les romances et dans les opéras du siècle dernier et même du commencement de celui-ci. Les progrès du goût musical se rapprochant toujours de plus en plus de l'art pur, de l'art instrumental, ont amené une modification sensible dans les rapports de l'instrument et de la voix. La voix n'a plus été considérée elle-même que comme un instrument *sui generis*, n'ayant pas plus de valeur qu'un autre, ne s'en distinguant qu'en ce qu'elle porte des paroles qu'elle doit rendre intelligibles, et par conséquent elle a perdu le monopole de la mélodie. Ainsi chez les Allemands, chez ce peuple qui a inventé, on peut le dire, la musique instrumentale, et qui mieux que tout autre goûte l'art pur, voyons-nous ce qu'on est convenu d'appeler l'accompagnement, dans les *lieder*, prendre un développement souvent bien supérieur au rôle de la voix. Nous ne citerons pour exemple que les célèbres mélodies de

Schubert, dans lesquelles le piano et la voix sont liés par des rapports si intimes qu'on ne saurait séparer la partie instrumentale de la partie vocale sans détruire l'œuvre presque complétement.

De même les opéras des compositeurs modernes ne sont le plus souvent qu'une espèce de grande symphonie avec un sujet littéraire, et où la voix, en dehors de son rôle de véhicule intellectuel, n'est qu'un instrument qui fait sa partie, instrument dont le rôle est presque toujours dominant, mais qui souvent aussi laisse l'orchestre occuper des scènes entières et prendre une part active à l'ensemble du drame, avec toutes les ressources dont il peut disposer pour en accentuer le sens. Les instruments ne prêtent plus leur concours soumis à la voix seule, mais ils collaborent avec elle sur le pied de l'égalité et travaillent originalement dans le sens indiqué par le libretto. S'il faut dessiner le lieu de la scène, l'instrumentation prête son secours au machiniste pour exprimer dans la ressource de ses moyens tout ce qui peut être un peu plus accentué par le mouvement. C'est ici que l'imitation éloignée des sons de la nature peut trouver place, avec les paroles ou les décors qui lui donnent le sens précis qu'elle n'aurait pas seule. L'accompagnement devient alors non-seulement un renfort d'expression pour le sentiment, mais un accessoire décoratif. C'est dans ce sens que l'ouverture d'un opéra doit être pour ainsi dire le péristyle du temple qui fait pressentir l'ordre d'architecture auquel il appartient : et c'est pourquoi elle devrait concourir avec les décors et être jouée la toile levée; on se prive, en agissant autrement, d'un moyen de plus de se faire comprendre.

Liée aux mouvements du corps, à la marche ou à la danse, la musique instrumentale est déjà beaucoup plus libre que dans l'accompagnement du chant. Ici, en effet, elle n'obéit plus qu'à des nécessités de rhythme et de mesure, et dans ce rhythme et dans cette mesure donnés, le compositeur peut se livrer à toute sa fantaisie. Aussi voyons-nous que les premiers d'entre les musiciens n'ont pas dédaigné de se servir de cette forme. Les Mozart, les Weber, les Chopin, ont fait des marches, des valses, des mazurkas, etc.

Il faut reconnaître cependant que, quand la musique a spécialement pour but d'être dansée, elle doit obéir à certaines nécessités qui en diminuent nécessairement la valeur artistique. Toutes les finesses, les modulations savantes qui n'échappent pas à l'auditeur au repos, s'effacent et sont perdues pour le danseur, dont elles gênent même l'action au lieu de l'exciter. Pour faire danser, il faut une musique un peu grossière, un rhythme rigoureusement maintenu, régulier et bien marqué. Il faut, en un mot, de la grosse musique. Aussi la musique de danse est-elle le vin bleu de l'art, l'art populaire, la forme où prédomine le bruit, où se développe l'élément matériel aux dépens de l'élément intellectuel. Les maîtres qui ont composé dans ce genre ont produit de charmantes œuvres, mais de mauvaise musique de danse. Strauss est de beaucoup supérieur à Chopin pour faire valser, quoique ses valses ne puissent être sérieusement comparées à celles du compositeur polonais.

La musique instrumentale s'associe aussi très-bien à la marche militaire, aux défilés, aux processions, à toutes les évolutions en général qui demandent un mouvement réglé et pour lesquelles la voix ne saurait être employée, soit à cause de sa monotomie, soit à cause de sa faible intensité. On a souvent essayé de faire danser à la voix, mais toujours sans grand succès. Rien ne peut remplacer pour la danse les riches variétés des timbres d'un orchestre et la sonorité de certains instruments, tels que les cuivres.

§ II. — *Les instruments.*

Maintenant que nous avons examiné la musique instrumentale, nous devons, pour être complet, dire quelques mots des instruments.

A les considérer dans leur but, les instruments ne sont que les moyens imaginés pour donner différentes vibrations à l'air, vibrations qui, changeant selon la disposition moléculaire des corps en mouvement, engendrent des timbres, c'est-à-dire des sensations différentes pour l'oreille, comme les diverses vibrations de la lumière engendrent les couleurs.

C'est donc le timbre, c'est-à-dire la façon dont l'air est en mouvement, qui différencie les instruments.

Or l'air peut être mis en vibration directement ou indirectement. De là deux grandes classes d'instruments, 1° les instruments à vent; 2° les instruments de percussion et à cordes.

Les instruments de percussion, les plus simples, sont naturellement les premiers en date. Exclusivement rhythmiques, ils ont été inventés tout d'abord pour satisfaire à un sentiment musical grossier qui se contentait à peu près du bruit. N'ayant qu'un timbre assez désagréable, dont le son fondamental est presque couvert par les sons partiels inharmoniques, réduits au rhythme et à l'intensité, ne pouvant varier la hauteur, ils sont condamnés forcément à accompagner le mouvement, la marche, la danse, ou bien à accentuer le rhythme des autres instruments. La forme propre de l'art, la mélodie, se refuse à être exprimée par eux.

Certains instruments de percussion, tambours, cymbales, castagnettes, etc., malgré leur origine barbare, sont restés dans la musique moderne. Ils sont surtout usités pour la danse ou bien comme signaux d'une espèce de télégraphie par le son, comme les cloches, par exemple, dont le son est si pur, et qui ne valent que par le sens que notre imagination donne à leur voix. Leur signification est toute symbolique. De même qu'un clocher dans la campagne est le signe visible au loin des habitations, le son des cloches est la voix du village, il annonce le voisinage des hommes. Elles jouent dans le paysage le même rôle que la fumée des toits, et si nous leur prêtons cette poésie qui nous charme, elles la doivent simplement à cette association d'idées. Le son de la cloche accompagne bien les actes de la vie, c'est une espèce de langue symbolique de convention : baptême, fête, mort, prière, cette voix dit toujours quelque chose, c'est pour cela qu'elle nous plaît tant, c'est pour cela qu'elle est le plus élevée dans la hiérarchie des instruments de percussion.

La seconde place appartient au tambour, qui de chorégraphique qu'il était primitivement sous le nom de *tambourin*, est devenu guerrier. Les castagnettes, les cymbales, sont comme lui purement rhythmiques.

Les instruments de percussion, sauf la cloche, sont presque toujours associés à des mouvements, et à juste titre, puisque leur effet étant purement rhythmique, ils n'ont d'autre but que d'augmenter l'activité et de la régler en matérialisant le temps dans lequel doit être exécuté le mouvement.

Ils sont notamment indispensables dans la danse, où le corps a besoin d'être soutenu, excité, et de sentir à chaque instant le rhythme. Sans les castagnettes et le tambour de basque, où serait la *furia* ardente des danses méridionales, et que deviendraient les quadrilles convulsionnés des bals de l'Opéra, sans le tam-tam, les cymbales et la grosse caisse?

Le grand défaut des instruments de percussion, c'est que le son chez eux n'est pas continu, mais interrompu à chaque instant.

Dans la même catégorie des instruments rudimentaires il faut ranger les instruments à cordes frappées ou pincées.

Ici nous avons un nouvel élément qui manquait presque entièrement aux instruments de percussion dont nous venons de parler, la hauteur, dans ses différents degrés ; élément qui rend ceux-ci capables d'exprimer la mélodie et l'harmonie. Ils sont donc beaucoup plus artistiques, mais, comme les premiers, ils ont aussi l'énorme défaut de ne pas donner des sons soutenus. De là leur peu de valeur esthétique. Comme il est impossible de nuancer leurs sons avec le souffle ou avec l'archet, ils restent par conséquent extérieurs à l'homme : la matière qui constitue l'instrument, une fois mise en mouvement, le musicien n'en est plus maître et la vibration s'effectue sans qu'il puisse la modifier. D'un autre côté, la brièveté des sons qui s'éteignent presque aussitôt, les empêche d'exprimer toute une catégorie d'effets musicaux. La musique calme et sereine, les andante, les adagio, leur sont interdits. Jouez donc sur la guitare la *prière* de *Zampa*, ou l'*Adieu* de Schubert. Il faut aux sons de ces instruments un mouvement rapide, et par suite ils ne peuvent rendre que la force, la violence, la fougue, ou la légèreté ; et cette pauvreté de ressources les condamne à ne s'employer que pour les accompagnements.

Le piano, instrument à cordes et de percussion, le plus

perfectionné du genre, rachète ces défauts capitaux par l'intensité du son et par l'avantage de rendre l'harmonie. Malgré tout ce qu'on a pu faire avec les pédales pour lui donner l'expression, il ne peut être comparé, sous ce rapport, aux instruments à sons continus que l'artiste anime de son souffle ou de son archet, ces deux moteurs susceptibles de tant de modifications subtiles et qui ont si bien asservi la matière qu'elle semble incorporée à l'artiste et obéir comme ses muscles à la même volonté.

Ce qui caractérise le piano et en fait un instrument à part, c'est que la mélodie et l'harmonie y marchent ensemble et qu'il se suffit à lui-même. Certainement on peut objecter, contre l'opinion généralement répandue, qu'il n'est pas un orchestre, car ses timbres ne sont pas assez dissemblables, ce qui lui rend difficile de faire saisir en même temps des chants différents ; mais s'il n'a pas une grande variété de timbres pour exprimer les couleurs, il donne complétement le dessin de l'œuvre musicale, avec ses ombres et ses clairs, absolument comme ferait une gravure, laquelle avec du noir et du blanc seulement rend en quelque sorte la couleur du tableau par la différence de valeurs des lumières.

Dans les *instruments à vent*, la matière est à peu près indifférente. L'instrument, simple récipient, vibre peu par lui-même ; il n'intervient que pour déterminer la forme de la masse d'air mise en vibration, son degré de cohésion, son dessin moléculaire, si nous pouvons nous exprimer ainsi.

L'instrument à vent est beaucoup plus perfectionné en général que l'instrument de percussion, même que l'instrument de percussion à cordes, quoiqu'il ait ce désavantage de ne pouvoir produire plusieurs sons à la fois et qu'il soit par conséquent confiné dans la mélodie simple.

Depuis le *mirliton*, qui n'a pas de son, mais qui sert à enfler celui de la voix, — c'est pour ce motif qu'on l'appelait autrefois flûte *brehaigne* (stérile), — jusqu'au cornet à piston et à la clarinette, il y a toute une nombreuse série d'instruments à vent. Leur caractère spécial est de ressembler à la voix, c'est pour cela qu'ils sont surtout capables d'expression ; mais leur infériorité à l'égard des instruments à cordes consiste d'abord, comme nous l'avons dit, en ce qu'ils ne peuvent émettre les sons que successivement, de plus, en ce que l'échelle de leurs tons est moins étendue, et enfin en ce qu'ils ne peuvent atteindre une aussi grande netteté. Mais aussi ils ont cet avantage sur les instruments à cordes qu'ils sont plus personnels, moins extérieurs à l'homme qui les fait parler par son souffle, et que par conséquent étant plus soumis à sa volonté, ils traduisent plus immédiatement les émotions de l'artiste.

Leur timbre est agréable, et plaît pour lui-même : un son pur du cor a une beauté intrinsèque tout à fait indépendante du passage où il est employé. Cette beauté du son agit directement et produit une sensation de plaisir comme celle d'une pure et brillante couleur. Les instruments de cuivre ont les plus beaux sons. Aussi les Allemands, coloristes en musique, c'est-à-dire harmonistes, estiment beaucoup plus que nous ne le faisons les instruments à vent, les cuivres surtout, et chez eux le cor et le trombone sont au premier rang dans l'orchestre.

Mais, pour que cette beauté intime du son puisse être appréciée, il faut que les intervalles des notes que ces instruments font entendre soient assez distants les uns des autres, c'est-à-dire que les sons qu'ils émettent soient séparés par un assez grand nombre de vibrations, au moins par un ton tout entier. Le genre chromatique ne peut aller qu'aux instruments plus maniables, plus souples. Aussi ne sont-ils guère employés que dans les mélodies simples, où il n'y a presque pas de modulations, et encore mieux dans l'orchestre, pour le remplir, pour faire masse, pour y mettre la force, la plénitude que les autres instruments possèdent à un moindre degré et pour relever les tons quelquefois un peu effacés de l'harmonie des cordes, par quelque note éclatante ou par un trait vivement coloré.

Le roi des instruments à vent est sans contredit l'orgue, dont les sons purs et pleins peuvent acquérir tous les timbres dans les différents registres, et qui ébranle notre sensibilité avec plus d'énergie qu'aucun autre. Il met en vibration des quantités d'air énormes, et l'auditeur, entouré comme d'une atmosphère de sons, sent vibrer sa tête et tout son corps sous une action continue. Aussi est-ce l'instrument par excellence, *organum*, comme son nom l'indique. Il peut remplacer tout un orchestre, car il a de plus que le piano l'avantage de la diversité des timbres et de la continuité des sons. C'est aussi le plus puissant des instruments, en ce sens que ce ne sont plus les muscles et les nerfs, mais une force mécanique qui le met en mouvement. Les sons bas, dans les autres instruments toujours faibles et insuffisants, ont ici une sonorité, une rondeur, une ampleur merveilleuses. L'orgue, par sa puissance, donne aussi l'idée du sublime dans le son. Il va comme intensité bien au delà de la réalité ordinaire, et c'est pour cela qu'il est l'instrument religieux par excellence. Avec cette masse abondante de vibrations qui met en mouvement tout l'air contenu dans les grandes nefs, l'instrumentiste improvisateur, disposant des ressources de timbre, des intensités variées et de toutes les différentes hauteurs, semble à son tour construire dans l'édifice de pierre une œuvre architecturale, une immense cathédrale de sons.

En général, les instruments à vent, par la force et l'éclat de leurs sons, donnent beaucoup mieux que les autres l'idée du grandiose et du sublime, parce qu'ils peuvent devenir effrayants. Qu'on suppose le *Dies iræ* de Cherubini remplaçant par des violons son terrifiant appel de trombones, l'effet du morceau sera complétement manqué.

Les *instruments à cordes* ébranlés par l'archet sont les plus parfaits de tous, mais ils ont le défaut d'être un peu maigres et de ne pas avoir la même ampleur, la même intensité de sons que les instruments à vent.

De plus, le son produit par l'archet est plus extérieur que dans les instruments à vent, moins lié à la personnalité que produit par le souffle. Mais les cordes ont une valeur artistique peut-être plus grande, par cela même qu'elles sont purement artificielles. Les instruments à vent ne sont pour ainsi dire que des instruments naturels perfectionnés : le berger en a eu l'idée en soufflant dans un roseau ou dans toute autre tige de plante. L'instrument à cordes pincées est tout aussi naturel sans doute, mais celui dont on joue avec l'archet, celui-là est bien un digne produit du génie de l'homme. Grâce à l'archet, qui obéit docilement à la volonté, l'extériorité des instruments à cordes a disparu, l'homme se les est assimilés. L'archet, c'est la baguette magique qui a transformé le corps sonore, tout à l'heure étranger à nous, en un organe qui nous est complétement soumis. C'est le pont jeté entre le monde intérieur, l'âme de l'instrumentiste, et le monde extérieur : c'est le médium, le *médiateur plastique* de Cudworth, cette substance dans laquelle viennent se fondre l'esprit et la matière. C'est à l'archet que les cordes doivent d'occuper le premier rang dans la hiérarchie des instruments.

Malgré cette supériorité des instruments à cordes, il faut reconnaître cependant que, longtemps entendus, leurs timbres doux et étouffés fatiguent l'oreille et semblent monotones. C'est pour ce motif que la musique de chambre, où ne sont employés que des instruments de ce genre, demande l'intimité, comme sa qualification l'indique, et pour être appréciée, un public d'élite à l'oreille exercée, au sentiment musical assez développé pour jouir de cette forme si immatérielle de l'art, dans laquelle le son ne plaît plus par lui-même, mais par ses dispositions ingénieusement variées et par ses savantes combinaisons. Il faut au public ordinaire, pour relever ces teintes froides, cette espèce de grisaille musicale, quelques tons vifs, des sons dans toute leur pureté, comme ceux des instruments à vent. La symphonie n'est une œuvre si complète que parce que les instruments à vent s'y allient aux instruments à cordes, dont ils rompent la monotomie par des notes plus vives, plus claires, plus vigoureuses. C'est pour cela aussi que les voix sont très-bien accompagnées par les cordes.

Si nous cherchons à déterminer ce qui fait la supériorité des divers instruments, nous trouvons que ce doit être en première ligne un caractère bien tranché, puisqu'ils ont pour but d'obtenir une grande variété d'effets. Dans cette petite troupe qui forme un orchestre, chaque personnage doit avoir son rôle, il ne faut pas qu'on y rencontre d'inutilités. Or le principal caractère d'un instrument consiste, nous l'avons vu, dans son timbre, dont les sons doivent être non-seulement de telle nature qu'on ne puisse les confondre avec d'autres, mais encore purs, agréables, pleins, susceptibles d'une certaine intensité et d'une certaine durée, etc. Enfin, pour que l'instrument avec les qualités précédentes puisse donner la plus grande variété d'effets, il faut qu'il puisse parcourir du grave à l'aigu une grande distance, en d'autres termes, que l'échelle de ses sons soit très-étendue.

Toutes ces conditions étant nécessaires pour faire un bon instrument, il n'y a plus lieu de s'étonner que dans notre siècle, où l'on invente cependant tant de choses, on trouve si peu d'instruments nouveaux. Pour former la petite phalange que nous avons, il a fallu mettre à contribution des matières de toutes sortes, bois, cuivre, peaux, cordes, verre, etc., et encore le nombre des instruments à caractère bien tranché est-il fort restreint. Aussi dans l'orchestre, où les nuances ne peuvent pas être facilement saisies, bien des instruments perdent leur caractère, les altos et les bassons par exemple, qui ne sont guère que des violons et des clarinettes à d'autres octaves, jouent pour ainsi dire le rôle de doublures, ou, à un autre point de vue, d'empâtements mélodiques.

Le petit nombre des instruments-types permet de les diviser par grandes familles présentant des traits communs de physionomie. Ainsi le violon, l'alto, le violoncelle et la contre-basse ne sont à vrai dire qu'un seul instrument, des variétés de la même espèce : ce sont des multiples du violon, comme la clarinette et le basson sont des multiples du haut-bois, et la petite flûte une fraction de la flûte. La clarinette est au haut-bois, ce que l'alto est au violon; la même équation pourrait être établie entre le basson et le violoncelle, ce sont des variétés de types uniques. Les instruments typiques se réduisent à un très-petit nombre, le violon, la flûte, le haut-bois, le cor, etc.

Le caractère tranché de certains d'entre eux a fait qu'ils ont été consacrés plus habituellement à l'expression d'un sentiment déterminé. Le timbre ayant un rapport plus ou moins direct avec les sentiments, on comprend jusqu'à un certain point cette analogie. Ainsi il y a des instruments qui expriment plutôt la tristesse, d'autres la joie. On en a fait une symbolique complète, une espèce de *langage des instruments*, comme le langage des fleurs. Dans un tel jeu d'esprit, le violon et la flûte voudraient dire *amour*, le violoncelle *douleur*, la trompette et le tambour *gloire*, le cor *chasse*, le flageolet *gaieté rustique*, la harpe *chant céleste*, etc. Nous avons déjà parlé assez longuement de ces galantes imaginations, dignes de faire pendant à la carte du Tendre, pour n'avoir pas à y revenir. Nous nous contenterons de répéter que si les timbres pouvaient être comparés à quelque chose en dehors des sons, ce serait bien plutôt à la lumière ou aux couleurs. Ainsi le son de la trompette a un peu l'éclat et la vivacité de la couleur rouge, le son du cor, étouffé, mystérieux, rappelle la lumière douce du clair de lune, dans l'effet mélancolique et poétique qu'il produit.

Nous ne voulons pas dire, en refusant à chaque instrument un sentiment déterminé, que tous les instruments peuvent être indifféremment employés pour jouer un chant quelconque dans un orchestre. De ce seul fait que chacun d'eux a sa physionomie spéciale, provenant soit du timbre, soit du registre, et de ce que certaines notes résonnent plus agréablement chez les uns que chez les autres, il est évident que le compositeur devra considérer soigneusement à quelle partie de son orchestration convient tel instrument et quels sont ceux qui doivent être associés pour rendre l'effet qu'il veut produire. Il n'y a pas plus de règle à prescrire au musicien, dans de semblables cas, qu'au peintre pour le choix de ses couleurs. Affirmer que la flûte représente la joie n'a pas plus d'importance en musique que d'affirmer qu'en peinture le rouge exprime le même sentiment. Le seul conseil qu'on puisse donner au compositeur, c'est d'employer ensemble les instruments les plus hétérogènes, pour que les caractères de chacun d'eux soient plus saillants : comme on recommanderait à un auteur dramatique d'accuser fortement tous ses types. Si l'on fait accompagner la voix par un instrument à vent, on ne produit pas d'effet, de même si l'on accouple des instruments de registres semblables. Il faut mettre en présence les voix élevées avec les basses et toujours rechercher des contrastes, en opposant les uns aux autres des timbres bien tranchés.

Nous recommanderons aussi au compositeur ou plutôt à l'instrumentiste de conserver à chaque instrument son caractère propre et de ne pas forcer les bornes qui lui sont assignées par la nature du timbre.

Les anciens employaient scrupuleusement un mode et un rhythme pour chaque instrument. Il y avait certainement là de l'exagération, mais de nos jours on est malheureusement trop porté à l'exagération contraire, et les instrumentistes en quête d'originalité ne se font pas scrupule de dénaturer complétement les instruments. C'est ainsi qu'on demande à la contre-basse les effets du violon, et qu'on n'en obtient que la caricature ; c'est ainsi que le grave trombone s'essouffle après des triples croches, que la guitare, avec ses sons grêles et étriqués, se transforme en chanteuse de solo, etc. Les instruments de cuivre offraient des variétés très-caractérisées, le cor, le trombone, la trompette, etc.; on leur a appliqué un système uniforme, le système Sax, pour en obtenir de la vélocité ; ils se ressemblent tous maintenant par le timbre : ils font des traits plus difficiles, mais combien n'ont-ils pas perdu sous le rapport de l'originalité!

§ III. — *Les instrumentistes.*

Par eux seuls les instruments ne sont rien, il faut une intelligence qui les complète, l'instrumentiste, qui a fait une étude spéciale de pouvoir exprimer les idées des autres avec un organe particulier : l'homme et la matière sonore se fondent pour ainsi dire l'un dans l'autre et forment cette personnalité complexe qui est l'instrument.

La musique est peut-être le seul art, il faut cependant excepter la poésie dramatique, où l'artiste, le compositeur, le créateur a besoin absolument d'un intermédiaire pour faire connaître son œuvre. De là aussi l'importance de ces instruments intelligents auxquels le compositeur doit avoir recours.

La faculté de composer est toute spéciale, elle suppose un esprit un peu mathématique joint à une grande sensibilité et à l'imagination particulière des formes musicales. La masse des hommes est bien accessible au sentiment de la beauté dans les œuvres d'art, c'est-à-dire susceptible d'en recevoir des impressions, mais comme il y a loin de là à la faculté de combiner des formes musicales! Quand un auditeur ordinaire, fût-il extraordinairement ému, se sent poussé par l'instinct d'imitation, et, prenant son admiration pour de l'inspiration, veut composer, c'est alors qu'il sent la stérilité de son émotion même la plus forte. L'admiration n'est féconde que dans les intelligences spéciales, aptes à la création. Si vous n'êtes pas né compositeur, votre impressionnabilité aura beau être délicate, vous ne produirez pas la plus petite mélodie originale... mais vous pourrez faire un excellent exécutant. Pour l'exécution, il ne faut, en effet, que cette façon vive de sentir la musique jointe au travail mécanique, si long et si pénible, il est vrai, qui consiste à s'assimiler l'instrument et à faire de cet objet extérieur comme une partie organique de soi-même.

Dans tous les arts, il y a de ces praticiens qui s'en tiennent à la partie matérielle et qui ne composent jamais: en peinture, ils font des copies de tableaux; en littérature ils déclament où ils sont acteurs; en musique, ils forment la grande classe des instrumentistes.

Mais l'art musical se distingue des autres arts en ce que l'exécution vivante et animée de l'œuvre a lieu sous les yeux mêmes du public. C'est une seconde création, pour ainsi dire. L'œuvre a l'air de sortir tout entière de l'instrumentiste, de son inspiration. Cette exécution *poétique* est un des plus grands charmes de la musique, et si l'interprète du compositeur ne se mettait pas dans ce qu'il reproduit, nous serions loin de prendre le même plaisir au morceau même exactement exécuté. Voilà pourquoi les instrumentistes habiles, qui ont des *doigts* ou des *lèvres*, mais qui n'ont pas le sentiment des nuances, le coloris de l'expression ne sont pas supérieurs aux boîtes à musique ou aux orgues de Barbarie. Les dilettantes, les amateurs qui prennent toujours l'art du côté le plus faible, dans ce qu'il a de plus infime, de plus facile, se bornent d'ordinaire à cette reproduction mécanique, parce que pour eux, le moyen même est un but ; mais le véritable artiste apporte sa part de création dans ce second travail : il agit là comme un acteur qui *crée* un rôle, c'est-à-dire qui, de lui-même, sans précédent, interprète le rôle de sa façon à lui, en combinant sa propre originalité avec celle du type qu'il représente, de manière à lui donner une physionomie particulière.

Cette création en sous-œuvre, l'instrumentiste l'accomplit principalement par l'*expression*, qui est la vie intellectuelle de l'instrument et que jamais aucun mécanisme, aussi parfait soit-il, n'arrivera à rendre. L'expression n'est en partie que la traduction faite au public par l'instrumentiste, des sentiments généraux que lui inspire la musique qu'il joue. Dans la voix, l'homme se traduit aisément, sans effort, c'est l'organe destiné spécialement à ce but : mais dans la musique instrumentale, il ne peut plus s'exprimer directement par des sons dont les différents sens soient connus de son auditoire, l'instrument ayant en dehors du virtuose une individualité à part, un caractère, une physionomie qui doit être conservée : il faut donc que l'exécutant, malgré cette physionomie spéciale de l'instrument qui le distingue de la collection des instruments de l'orchestre, qui en fait comme un être indépendant, s'en rende maître au point de s'en servir pour donner au public l'image de ce qui se passe dans une âme humaine, le spectacle de sa situation intérieure, des modifications générales de sa sensibilité.

La *sourdine*, les *notes harmoniques*, le *staccato*, le *trémolo*, les *coups de langue*, les *coups d'archet*, etc., tous ces procédés d'exécution sont des moyens matériels de varier l'expression, mais qui se réduisent tous à ces deux effets, modification du timbre et modification du rhythme par le mouvement ou par l'intensité.

L'instrumentiste doit disposer avec art ces contrastes de timbres et de rhythmes, plaçant les *forte* à côté des *piano*, opposant les uns aux autres, différenciant par le timbre ou par l'intensité les membres similaires d'une mélodie, anéantissant graduellement, éteignant la sensation physique, laissant mourir le son, pour le lancer l'instant d'après plus sonore, plus énergique, plus éclatant, mettant en un mot la vie, c'est-à-dire la variété, la diversité avec toutes ses alternatives, toutes ses nuances de force, dans une œuvre qui, sans cela serait froide comme tout ce qui est artificiel et comme tout ce qui se meut selon des lois réglées d'avance. Il y a la même différence entre un morceau exécuté mécaniquement par un orgue de Barbarie, ou par une boîte à musique, et le même morceau exécuté par un artiste, qu'entre un automate aussi parfait qu'on puisse l'imaginer et un être vivant. L'automate se meut pourtant, mais cette vie factice ne trompe personne et ne pourra jamais être comparée à ces mille nuances de mouvement, depuis les frémissements légers des muscles de la physionomie jusqu'aux grands mouvements du corps, qui constituent la vie chez un être animé. Or, l'instrumentiste, le virtuose, celui qui est maître de son instrument, qui l'a *organisé* pour ainsi dire, qui en a fait sa chair et son sang, celui qui, tout en reproduisant une œuvre faite, semble la créer par la vie spéciale qu'il répand dans chacune des parties qui la composent, celui-là ne joue plus d'un instrument, mais il est devenu l'instrument lui-même.

L'expression est abandonnée presque tout entière à l'exécutant, mais elle n'est pas pour cela complétement arbitraire. A défaut des indications du compositeur, on peut déterminer les règles auxquelles elle doit se conformer. C'est la nature du morceau lui-même, sa contexture, son dessin, qui indiquera où devront être placés les *forte* et les *piano*, à peu près comme les ombres et les clairs dans un tableau. Cela est si vrai qu'on ne comprend pas l'expression en dehors de la mélodie, dans une série d'accords, par exemple. Pour que l'expression trouve place, il faut qu'il y ait des lignes, des formes qu'on puisse mettre en relief, ou noyer dans la pénombre, faire courir en constrastes heurtés, ou se développer en doux contours. C'est, nous le répétons, la nature de ce dessin qui détermine les effets d'opposition que doit rendre l'expression. Ainsi on sent instinctivement que dans une progression de notes ascendantes il faut que l'intensité du son aille *crescendo*, dans une progression descendante, *diminuendo*. Dans les sons les plus élevés, il y a en effet une quantité de mouvement beaucoup plus considérable, par conséquent ils signifient un degré de vitalité et de force bien supérieur aux sons graves qui expriment la vibration la moins rapide. Il en est de même du mouvement, de la rapidité d'un morceau qui ne devra pas être la même dans un ton élevé que dans un ton grave, pour cette autre raison encore que les sons graves, au moment où ils deviennent trop rapides sont confus.

S'il s'agit d'un ton isolé, soutenu pendant longtemps, on sent qu'il doit être d'abord enflé progressivement, puis diminué. C'est la loi de la vibration elle même, et du reste de tout ce qui a un mouvement.

En dehors de ces règles dont il serait facile de formuler un plus grand nombre, mais qui n'ont rien de rigoureux, l'artiste est guidé par quelques signes que marque le compositeur relativement au mouvement, à l'intensité, et même au timbre : *allegro, andante, forte, piano, pizzicato, changements de cordes, notes harmoniques*, etc... Le *soufflet* est la formule complète de l'expression d'intensité. Outre cela, on a encore l'indication naturelle, mais trop régulière des temps forts et des temps faibles de la mesure. Au delà de ces signes, toute latitude est laissée à l'exécutant. C'est à lui de comprendre la façon dont il doit éclairer son dessin pour le mieux faire valoir. Là il ne relève plus que de la grande loi des contrastes qui s'impose si impérieusement à l'art musical. La beauté de l'expression résidera précisément dans l'habileté à les opposer les uns aux autres.

Cet art de savoir bien disposer les contrastes constitue le style. Ce n'est que la façon que reçoivent les sons, le souffle de vie que l'artiste leur donne qui leur fait signifier quelque chose esthétiquement. Un même morceau exécuté par deux musiciens, les nuances étant marquées à l'avance, se distinguera pourtant par des caractères bien saillants, comme deux portraits ressemblants d'un même individu pourraient cependant singulièrement différer, selon le genre de talent de deux peintres. On s'explique donc la place élevée que l'instrumentiste occupe à côté du compositeur, quoique celui-ci lui demeure de beaucoup supérieur. Sans l'instrumentiste, la musique serait une lettre morte pour l'immense majorité de ceux qui ne savent pas lire dans une partition comme dans un livre. Mais pour que l'œuvre musicale produise tout son effet, il faut que l'artiste soit tellement maître de l'instrument, qu'il n'y trouve plus de difficultés d'exécution et que les développements de la plus exubérante fantaisie lui soient comme naturels. Tant que l'instrument n'est pas dompté à ce point, je parle surtout de l'instrument qui doit être joué seul, il faut travailler sans relâche et vaincre tous les dégoûts : c'est une lutte corps à corps que l'artiste engage avec la matière, une lutte incessante, de tous les jours, où il faut vaincre, ou renoncer à être l'idole de la foule.

Le mécanisme à conquérir, quel cauchemar effrayant !

Quoi de plus rebutant que cette gymnastique des doigts ou des lèvres qui a pour but d'assouplir les muscles et de constituer à la matière organique une espèce de vie scientifique plus élevée ! Tous les efforts de l'artiste n'ont en effet d'autre but que d'arriver à établir entre les doigts et les yeux, c'est-à-dire entre l'intelligence et le corps, une communication si rapide que le mouvement soit exécuté en même temps que le signe est perçu. Quelle patience pour arriver à surmonter les obstacles qui s'opposent à cette spiritualisation de la matière ! Il ne faut pas plus de travail pour désarticuler le corps d'un clown. Le violoniste qui cherche la justesse, le moelleux, l'ampleur du son, poursuit un idéal qu'il n'atteindra jamais complétement : le but recule toujours à mesure qu'on avance.

Ces derviches de l'instrument nous ont toujours inspiré une sincère commisération ! Dès l'aube jusqu'au soir exercer ses doigts à danser légèrement sur les cordes, ou à monter et à descendre comme un écureuil tous les échelons du piano, et se réduire pendant des années à ce rôle mécanique, quoi de plus triste, ou à un autre point de vue, quoi de plus digne d'admiration ! C'est le public, le public insatiable, le public féroce, celui qui jadis condamnait les gladiateurs à apprendre l'art de s'égorger gracieusement, c'est lui qui oblige les instrumentistes au mécanisme forcé. La foule aime la difficulté vaincue, les tours de force de toute espèce. Dans l'admiration qu'elle témoigne à l'artiste qui vient dépenser devant elle en dix minutes la somme de talent qu'il a mis quinze ou vingt ans à conquérir, qui joue sa réputation, son succès, son avenir, sur un passage périlleux, sur une voltige pleine de dangers, il y a le même sentiment qui lui fait applaudir le toréador esquivant un coup de corne furieux en sautant par-dessus la tête du taureau. Il faut avouer aussi que le goût pour la musique acrobatique a peut-être été un peu imposé par les artistes. Ces merveilles gymnastiques qui n'ont lieu le plus souvent qu'aux dépens de la musique du compositeur, les exécutants les cherchent par vanité. On n'a pas consacré une partie de sa vie à acquérir la souplesse et la rapidité pour ne pas en faire parade : il faut les montrer quand même. Tous ces airs de bravoure, ces concertos, ces morceaux dits *brillants* sont des concessions faites à un sentiment qui n'a rien de commun avec la modestie. Plusieurs compositeurs qui étaient en même temps instrumentistes distingués, ont eu le tort de flatter cette faiblesse en composant beaucoup trop de cette musique funambulesque. Le piano étant l'instrument le plus cultivé, et par conséquent les pianistes pour se distinguer les uns des autres étant obligés à des hardiesses de plus en plus étonnantes, il s'en est suivi qu'une grande partie de la musique de piano ne peut plus être considérée que comme le tremplin, la corde roide ou le cheval de voltige sur lequel les exécutants viennent montrer ce dont ils sont capables. La comparaison est si vraie qu'on désigne la plupart de ces morceaux sous le nom de *casse-cous*.

Quel plaisir peuvent procurer ces variations pyrotechniques dont les notes s'enchevêtrent les unes dans les autres, au milieu desquelles on entend le grincement de l'archet sur les cordes ou le souffle haletant dans les cuivres, où tout, jusqu'à l'attitude tourmentée du musicien donne l'idée d'un travail pénible? Il semble qu'on voit ces hercules de foire qui soulèvent un poids énorme et dont les veines du bras et du front se gonflent comme si elles allaient éclater. Il y a des limites qui ne sauraient être dépassées et qui sont tracées par la nature même de l'appareil auditif. Les notes trop précipitées finissent par ne plus rien offrir de distinct à l'oreille : car il ne faut pas s'imaginer qu'on puisse émettre des sons aussi rapides que possible et qu'ils formeront une impression toujours nette sur le tympan. De même que l'œil devant lequel on agite vivement un tison enflammé ne voit qu'une bande de feu continue, de même l'oreille ne distingue plus les notes les uns des autres dans une trop grande rapidité. Ceci est surtout remarquable pour les notes basses où les cordes des instruments ont des vibrations harmoniques bien prononcées : le son devient tout de suite confus. C'est pour cela que la contre-basse et le violoncelle doivent toujours rester dans un certain calme sous peine de sortir de leurs limites naturelles, des caractères qui constituent leur individualité.

Nous avons aujourd'hui des clowns si merveilleux sur les instruments, qu'il faut s'attendre nécessairement à une réaction, à ce que les musiciens finissent par ne plus chercher le tour de force quand même, convaincus que la meilleure manière d'employer leur talent, c'est d'exécuter la musique des maîtres avec toute la précision, la délicatesse et le fini qu'elle réclame. Au lieu de se réduire à ce rôle de machines à égrener des notes, les instrumentistes appliqueront leurs loisirs à cultiver leur intelligence qu'ils ont trop longtemps laissée en friche pendant leurs longues études mécaniques. Comment veut-on en effet, avec les difficultés toujours croissantes de l'exécution, que l'artiste puisse s'instruire, développer ses facultés intellectuelles, absorbé qu'il est par le travail matériel, par cette gymnastique qui ne demande aucun effort à l'intelligence, mais qui prend tant de temps? On demandait à Ravina, à l'issue d'un concert, comment il était possible d'acquérir une exécution comme la sienne. « Mon Dieu, c'est bien simple, dit-il, il faut seulement faire des gammes dix heures par jour et pendant quinze ans ! »

Dans les arts du dessin, la science du procédé s'acquiert par l'observation, tandis que, pour la musique, l'observation ne peut rien jusqu'à ce qu'on ait vaincu l'instrument. Aussi voyez-vous les peintres, d'ordinaire beaucoup plus intelligents que les musiciens, leur œil est un instrument d'analyse qui leur a donné de bonne heure les habitudes de cette méthode et comme une vue plus nette des choses intérieures. Mais qui osera dire que la culture intellectuelle n'est pas nécessaire à l'exécutant-musicien ? Par elle il se rapprochera, comme nous l'avons dit, du compositeur ; il saisira mieux ses intentions, il sera apte à reproduire sa pensée, et la part d'originalité de création qu'il apporte dans l'exécution sera par conséquent plus considérable.

CHAPITRE XIII.

CE QUI CONSTITUE L'ESSENCE DE LA MUSIQUE.

Maintenant que nous avons étudié la dernière forme de l'art, la musique instrumentale, c'est-à-dire la musique pure, libre, sans mélange, nous allons essayer de faire comprendre ce qu'est en lui-même l'art des sons.

Nous pourrions après tant d'autres donner ici notre définition, mais nous ne sommes pas très-partisan des définitions. Nous répugnons à appliquer à la pensée ce brodequin de force, nous aimons mieux développer notre idée pour la faire comprendre, que de la mutiler en l'étouffant dans quelques mots. Ce procédé puéril de tout définir est un vieux reste de scolastique qu'on a trop prôné à notre avis.

Mais avant de rassembler en faisceau les résultats principaux de notre analyse, lesquels nous donnent la nature de l'art musical, voyons comment certains esprits d'élite ont parlé de la musique.

La grande majorité, nous l'avons déjà dit, l'a définie *l'art du sentiment*, ou la *langue du sentiment*. Nous avons assez longuement combattu cette idée pour ne pas y revenir. Si la *musique vocale* avec ses paroles peut faire un instant illusion à ce sujet, cette idée de langue du sentiment ne soutient pas le moindre examen quand il s'agit de la musique pure, de la musique instrumentale. Nous avons vu que si les sons agissent sur les sentiments, c'est de la façon la plus générale, la plus abstraite, en tant que le sentiment est du mouvement, c'est-à-dire par le côté purement mécanique du son.

D'autres, nous les avons combattus également, ont prétendu que la musique est une véritable langue exprimant sentiments et idées tout à la fois, commençant où la poésie finit, une langue supérieure à la parole... Nous rappellerons que nous n'avons pas eu besoin de grands efforts pour prouver que la musique ne peut être ni une langue ordinaire, ni une langue symbolique.

Certains esprits ont fait de la musique un art purement matériel, ne s'adressant qu'à la sensation, n'ayant d'autre but que de chatouiller la sensibilité d'un organe, comme l'art culinaire ou l'art du parfumeur. A ceux-là aussi nous avons répondu.

D'autres, tombant dans l'excès opposé, l'ont considérée moins comme un art que comme une science, et sans s'inquiéter de son côté sensible n'y ont voulu voir que les règles mathématiques auxquelles obéissent les vibrations des corps et les différentes combinaisons des sons.

Un grand nombre enfin, sans système, saisissant l'art musical sous les points de vue les plus opposés et les plus incomplets, en ont donné diverses définitions plus ou moins éloignées du vrai. Bossuet a dit : « La musique est l'art qui, par la juste proportion des tons, donne *à la voix* une force secrète pour *dilater* ou pour *émouvoir*. »

Montesquieu l'a définie, si cela peut passer pour une définition, « le meilleur des plaisirs, parce que c'est celui

« qui corrompt le moins l'âme. » Comme si l'architecture, par exemple, était plus immorale que la musique !

Le chef de l'école écossaisse, Thomas Reid, s'exprime ainsi : « L'harmonie des sons musicaux a son principe
» dans l'harmonie des sentiments dont elle n'est que
» l'expression. Quant à la mélodie, il me semble que tout
» motif qui plaît est une imitation des tons de la voix
» humaine dans l'expression d'un sentiment ou de quel-
» que autre bruit naturel et que la musique comme la
» poésie est un *art d'imitation.* »

Reid, quoique observateur éminent et profond philosophe, est tombé lourdement dans cette double erreur de la musique, *art du sentiment et art d'imitation.*

Si l'on est curieux d'une autre surprise du même genre, qu'on lise les lignes suivantes écrites par un poëte philosophe, et qui plus est, allemand.

« La musique est *sacrée* ou *profane*. Un sujet sacré
» sied bien à sa dignité : c'est ainsi qu'elle fait la plus
» grande impression et qu'elle exerce la plus grande
» influence. La musique profane devrait toujours être
» gaie.

» La musique qui mêle le caractère sacré et profane
» est impie. La musique maladive qui se plaît à exprimer
» des émotions faibles, sentimentales et mélancoliques,
» est absurde, car elle n'est pas assez sérieuse pour être
» sacrée et pas assez gaie pour être profane. C'est une
» musique bâtarde.

» La sainteté de la musique religieuse, la gaieté et la
» verve des mélodies populaires, voilà les deux axes
» autour desquels gravite la véritable musique, qu'elle
» émane de ces deux points elle produira toujours beau-
» coup d'effet : du recueillement ou des danses ! Mais le
» mélange des modes étourdit : le mou devient fade et

» si la musique veut se faire didactique ou descriptive,
» elle devient insupportable. »

Disons de suite à la décharge de Gœthe, car c'est de lui ce jugement informe, qu'il avoue lui-même n'avoir jamais rien compris à la musique. Ces lignes auraient pu suppléer à son aveu. Pourtant en changeant les termes tout à fait impropres de musique profane et sacrée, il faut reconnaître que le grand poëte a exprimé au moins une idée juste, à savoir que la musique ne peut rendre que deux grands sentiments, la joie et la tristesse. Mais cette rencontre heureuse n'excuse pas le contemporain de Mozart et de Beethoven, des grands symphonistes, d'avoir prétendu qu'en dehors de la peinture de ces deux sentiments la musique est absurde.

Nous l'avons vu, au contraire, l'expression des sentiments est chose tout à fait accessoire, et Gœthe en condamnant la musique qui se propose un autre but méconnaît l'art proprement dit, avec lequel la plupart du temps le sentiment n'a rien à faire, l'art qui ne consiste qu'en un développement architectural des formes musicales.

Mais laissons là les opinions des autres, c'est à notre tour maintenant d'essayer de préciser ce qui constitue en dernière analyse l'essence et le but de la musique. Pour cela, nous n'avons qu'à résumer les résultats que nous avons obtenus dans notre patiente investigation.

Ainsi que nous l'avons observé tout d'abord, il y a dans la musique comme dans tous les autres arts, un côté sensible, matériel, physiologique, et un côté intellectuel. Le son musical plaît en lui-même comme une bonne odeur ou une bonne saveur, et certaines combinaisons de sons, pourvu qu'elles soient conformes aux lois mathématiques qui règlent les vibrations, procurent aussi à la sensibilité une sensation de plaisir. En effet, la matière nerveuse reproduisant exactement la vibration du corps, il est naturel qu'elle soit soumise aux mêmes lois qui règlent cette vibration et que par conséquent la sensation qui en résulte soit agréable si les vibrations sont pleines, faciles et se combinent selon des proportions régulières, et désagréable dans le cas contraire.

Il ne faut pas perdre de vue non plus que l'oreille est ici un *sensorium*, un centre nerveux, possédant des facultés spéciales, un ordre de jouissances à part qui n'ont aucun nom dans la langue humaine et qu'on ne pourrait faire comprendre à ceux qui ne les éprouvent pas. C'est à cette faculté spéciale que s'adressent les combinaisons de sons, les accords savants, nouveaux, exquis, relevés de dissonances, toute cette partie très-importante de l'art, qu'on pourrait appeler la *cuisine musicale* et qui est du domaine de l'harmonie. Il y a ici tout un ordre de sensations et de plaisirs analogues à ceux que procurent à l'œil la distribution des ombres et de la lumière, la richesse des couleurs, leur harmonieuse combinaison, leur vive opposition, le clair-obscur, etc., tous éléments qui sont essentiels à la peinture et qui en forment la caractéristique principale, absolument comme les éléments dont nous venons de parler forment le caractère fondamental de la musique et en font un art se mouvant dans un domaine bien déterminé.

Toujours en demeurant dans la sphère de la sensibilité, il faut dire encore que l'impression musicale est agréable, physiquement, à cause de l'activité générale donnée au système nerveux par la vibration. C'est pour ainsi dire un accroissement de vie que le corps reçoit par l'ébranlement, et la sensation est d'autant plus satisfaisante que le mouvement est régulier, réglé selon des lois qui sont comme les lois générales de la matière rendue perceptible aux sens.

Ainsi donc ce qu'il faut en premier lieu reconnaître dans la musique, c'est une partie physiologique dépendant essentiellement de l'organe, de l'ouïe.

2° Comme corollaire découlant immédiatement de cette sensation, un certain état de l'activité amenant à sa suite un sentiment général de joie ou de tristesse, de bien-être ou de malaise, d'énergie ou de langueur, sans détermination plus précise.

Mais ce ne sont pas là tous les caractères essentiels de l'art musical, nous ne sommes pas encore sortis de la sphère des éléments simples, du timbre, du rhythme, etc., et de leur action sur la sensibilité. Il nous faut rechercher maintenant ce qui est au fond de cet arrangement particulier de sons qui constitue la mélodie, laquelle est la forme caractéristique de l'art.

Si vous jetez dans l'eau calme d'un bassin une poignée de petits cailloux, tous à la fois, ou les uns après les autres, mais à des intervalles très-rapprochés, vous voyez se produire à la surface de l'eau une foule de cercles plus ou moins grands, se coupant les uns les autres et dont l'ensemble constitue un dessin compliqué et changeant. Lorsque éclate dans l'air un accord de plusieurs notes ou lorsque plusieurs sons se suivent dans un chant, quelque chose d'analogue, sous une autre forme, se produit : les vibrations de l'air ou ondes sonores, forment un dessin qu'on peut rendre visible à l'œil au moyen de procédés qu'il serait trop long de décrire ici. Or toutes ces lignes qui s'entrecroisent avec ordre et régularité, si elles ne produisent qu'un effet très-insignifiant sur l'œil, forment un dessin qui, perçu par un autre organe, par l'oreille, peut constituer la plus belle mélodie ou l'accord le plus heureux.

Cette comparaison que nous venons d'établir entre deux faits assez semblables qui s'adressent à des organes si différents a pour but de montrer seulement que la musique agit sur l'oreille comme des combinaisons de lignes et de couleurs agissent sur l'œil, abstraction faite du sujet, ou de l'imitation que les arts du dessin peuvent se proposer pour fin. Comme nous avons suffisamment prouvé que la musique ne peut rien exprimer d'une façon bien certaine, ni sentiment, ni idée; que d'autre part elle ne peut pas non plus reproduire quelque objet de la nature, qu'en un mot elle n'imite rien, il suit de là que les combinaisons de sons et de mouvements équivalent à peu près à ce qu'est pour l'œil l'art pur de la décoration, de l'ornementation, les capricieuses arabesques, les culs-de-lampe, les dessins d'étoffes, de tapisserie, etc. Il n'y a pas beaucoup plus d'idées philosophiques, de sentiments, d'imitation, de sujet littéraire dans la musique qu'il y en a dans le dessin d'une riche étoffe de damas ou de brocart, ou dans les peintures décoratives des vieilles cathédrales. Ces rinceaux, ces feuillages, ces zigzags, ces frettés, ces tores, ces boudins, ces fleurs monstrueuses, ces semis, ces palmettes, ces grecques, ces torsades, ces astragales, ce mélange fantaisiste, de lignes et de tons, qu'on trouve dans l'art de la décoration, n'a la prétention de rien imiter ni de rien exprimer. L'artiste a cherché des combinaisons originales de lignes, des assemblages harmonieux de couleurs, une diversité aussi grande que possible reliée cependant par le lien subtil de la tonalité pour les couleurs et d'une certaine symétrie pour les formes. Il a créé ce monde complexe avec toute l'indépendance, toute la liberté de son caprice, donnant ainsi l'image microcosmique de la riche variété de la nature, de cet ensemble de toute espèce de formes et d'organisations, dans lequel cependant nous soupçonnons vaguement et où les efforts de la réflexion finissent par nous montrer un ordre supérieur, un enchaînement, et une symétrie.

Ces tableaux que le décorateur tire de son imagination et qu'il fait avec des lignes et avec des couleurs, le musicien les compose avec des sons. Il dessine avec le rhythme et il peint avec l'harmonie.

Une symphonie n'est donc autre chose, dans la sphère de l'oreille, qu'un vaste tableau décoratif dont les lignes sont en mouvement : un tableau qu'on nous découvre successivement. Tout le monde connaît le kaléidoscope, cet instrument où les formes coloriées s'agencent au moyen d'un mouvement continu imprimé par la main en toutes sortes de combinaisons bizarres et souvent magnifiques : autant que deux choses aussi différentes que les sons et les lignes de couleurs peuvent être comparées, l'impression générale de la musique sur l'oreille est la même que celle du kaléidoscope sur l'œil.

Il est donc aussi absurde de vouloir *raconter* une symphonie, comme la plupart des critiques le font, c'est-à-dire de traduire avec des mots les diverses idées ou sentiments qu'elle est censée exprimer, que de *raconter* un tapis d'Aubusson, un châle de l'Inde, une riche reliure, des rideaux à ramages, etc.

Mais il nous faut entrer dans de plus amples détails,

sur ce que l'on doit entendre par les formes musicales.

Le son en lui-même n'étant qu'une modification passagère de la matière, un phénomène rapide qui s'évanouit et dont il ne subsiste rien que le souvenir, les formes musicales peuvent être considérées de même que les points et les lignes idéales des figures de géométrie, comme des abstractions, des formes pour ainsi dire de la pensée et que cependant nous concevons, que nous imaginons, que nous voyons nettement dans notre intelligence bien qu'elles n'aient pas de réalité objective.

Quoique la ligne musicale ne se développe pas dans l'espace, mais dans le temps, elle n'en donne pas moins l'idée d'une forme, puisque l'idée de la forme résulte essentiellement de la comparaison et du rapport, et que cette comparaison peut se faire aussi bien pour la durée que pour l'espace qui sont deux conceptions équivalentes.

De même qu'on ne peut concevoir un point quelconque de la matière sans le comparer à un autre point, et sans avoir par conséquent l'idée de la forme, de même aussi on ne peut concevoir un instant quelconque de la durée sans le comparer à un autre et sans avoir par conséquent aussi l'idée de la forme.

Les vibrations dont les rapports s'expriment par des nombres, peuvent très-bien être comparées, et l'expérience nous montre qu'en effet nous les comparons instinctivement et que nous établissons entre elles des différences comme entre des lignes, ne disons-nous pas d'un son qu'il est plus *élevé* qu'un autre, absolument comme s'il était question de formes dans l'espace. Les sons *hauts* et les sons *bas* font pour ainsi dire monter et descendre l'oreille comme le regard monte de la base au sommet de l'édifice en suivant les lignes qu'il profile sur le ciel; et si nous y faisons bien attention, en entendant deux sons séparés par un grand intervalle, spontanément notre imagination nous les représente reliés par une ligne, tant est grande l'analogie qui existe entre l'œil et l'oreille.

C'est surtout dans la mélodie que se trouve la forme musicale. C'est là en effet que les différentes durées des vibrations constituent les intervalles les plus distincts, et c'est là aussi que les différentes durées des notes sont le mieux accentuées par le rhythme. L'unité de ton et de mouvement, cette symétrie, cette proportion qui se rencontrent dans la mélodie, donnent une forme précise, à ce champ indéterminé des vibrations qui s'étend à l'infini, comme l'espace; c'est par le rhythme, par cette ligne se mouvant dans le temps et la circonscrivant, c'est-à-dire par la forme, que vaut la mélodie.

Là les lignes sont simples, pures, faciles à comparer, mais dans l'harmonie proprement dite, où le rhythme peut être presque nul, en dehors de cette comparaison inconsciente qui nous fait distinguer les différentes notes entre elles, il n'y a rien pour l'intelligence, il n'y a pas de formes. Aussi l'harmonie (je parle seulement des accords), ne s'adresse pour ainsi dire qu'au côté matériel, celui de la sensibilité qu'elle impressionne comme la couleur dans un tableau agit sur l'œil : elle produit un sentiment de gaieté ou de tristesse selon l'énergie de l'ébranlement nerveux et ne sort pas de la sensibilité, tandis que la mélodie étant le dessin, la forme, s'adresse plus volontiers à l'intelligence.

On comprend maintenant ce que nous avons voulu

dire en parlant des formes musicales, du dessin de la mélodie et de la couleur de l'harmonie.

Il ne nous reste plus qu'à nous résumer en quelques mots.

Nous avons essayé, dans la longue analyse qui précède, de délimiter exactement le domaine propre de l'art musical, le domaine qui est le sien, qui ne peut être revendiqué par aucun autre art. Nous sommes arrivé à cette conclusion que la musique instrumentale, qui n'a pas recours à la littérature, à l'expression des idées ou des sentiments, constitue la musique pure, l'essence même de l'art. Bien des personnes trouveront que c'est rabaisser l'art musical, l'étouffer, le confiner dans une sphère trop étroite que de le mettre ainsi à part, et de n'en pas faire l'auxiliaire naturel de la poésie où il renforcerait l'expression des idées ou des sentiments. Nous ne croyons pas que le but des arts et leur mérite soient précisément l'utilité, et que leur supériorité se mesure sur leur ressemblance avec la littérature, qui a spécialement pour fin d'exprimer des sentiments et des idées déterminés. L'organisation humaine est assez riche pour que tous les arts puissent trouver un large développement en eux-mêmes, sans sortir de leur sphère spéciale. Puisque nous avons la littérature et la poésie pour un certain ordre d'émotions, laissons à la musique ce qu'elle seule peut nous donner, des idées toutes spéciales, des idées musicales. Chaque organe est comme un centre complet qui a dans une certaine mesure son intelligence, sa sensibilité, son imagination : or l'oreille matérielle et spirituelle est la sphère dans laquelle l'art musical doit se renfermer. En conseillant à l'artiste de s'en tenir là et au public de cultiver ce sens spécial, nous croyons être plus utile à tous que si nous laissions l'art des sons aller chercher des auxiliaires ailleurs et s'épuiser à produire des effets que d'autres arts produisent très-bien sans lui et mieux qu'il ne saurait le faire.

FIN.

TABLE DES MATIÈRES

Introduction I

PREMIÈRE SECTION.
ANALYSE DES ÉLÉMENTS DE L'OEUVRE MUSICALE.

CHAP. I. Le son, différents caractères du son............. 1
    § 1. La hauteur........................ 6
    § 2. L'intensité 11
    § 3. Le timbre........................ 12
— II. Le rhythme............................ 17
    § 1. Mesure.......................... 25
    § 2. Mouvement...................... 29
— III. La tonalité, la gamme, les modes............... 31
— IV. La mélodie 39
— V. L'harmonie............................ 44

DEUXIÈME SECTION.
EFFETS DE LA MUSIQUE SUR L'HOMME, CONSIDÉRÉ COMME ÊTRE SENSIBLE ET INTELLIGENT.

— VI. La musique et la sensibilité physique............ 53
    § 1. Vibration nerveuse.................. 54
    § 2. L'ouïe........................... 60

TABLE DES MATIÈRES.

§ 3. La musique considérée comme agent thérapeutique 61
§ 4. Effets de la musique sur les animaux 64
§ 5. La musique de danse 69
§ 6. L'expression 70
CHAP. VII. La musique et le sentiment 74
— VIII. La musique et l'intelligence 82
§ 1. La musique exprime-t-elle des sentiments?. 84
§ 2. La musique n'est pas née du langage 91
§ 3. Du symbolisme musical 102
§ 4. Résumé 116
— XI. Musique vocale 127
— X. De la musique dite religieuse 141
— XI. La musique a-t-elle de l'influence sur les mœurs... 148
— XII. De la musique instrumentale 160
§ 1. Les instruments 169
§ 1. Les instrumentistes 180
— XIII. Ce qui constitue l'essence de la musique 190

ERRATUM.

Supprimez la première ligne de la page 112, imprimée deux fois.

LIBRAIRIE GERMER BAILLIÈRE
17, RUE DE L'ÉCOLE-DE-MÉDECINE, 17
PARIS

EXTRAIT DU CATALOGUE

BIBLIOTHÈQUE DE
PHILOSOPHIE CONTEMPORAINE

Volumes in-18 à 2 fr. 50

—

Ouvrages parus.

H. TAINE. Le Positivisme anglais, étude sur Stuart Mill.
— L'Idéalisme anglais.
— Philosophie de l'art.
PAUL JANET. Le Matérialisme contemporain. Examen du système du docteur Büchner.
— La Crise philosophique : MM. Taine, Renan, Vacherot, Littré.
ODYSSE-BAROT. Lettres sur la philosophie de l'histoire.
ALAUX. La Philosophie de M. Cousin.
AD. FRANCK. Philosophie du droit pénal.
— Philosophie du droit ecclésiastique.
E. SAISSET. L'Ame et la Vie, suivi d'une étude sur l'Esthétique française
— Critique et histoire de la philosophie (fragments et discours.)
CHARLES LÉVÊQUE. Le Spiritualisme dans l'art.
— La Science de l'invisible. Études de psychologie et de théodicée.
AUGUSTE LAUGEL. Les Problèmes de la nature.

CHALLEMEL-LACOUR. La Philosophie individualiste, étude sur Guillaume de Humboldt.
CHARLES DE RÉMUSAT. Philosophie religieuse.
ALBERT LEMOINE. Le Vitalisme et l'Animisme de Stahl.
— De la physionomie et de la parole.
MILSAND. L'Esthétique anglaise, étude sur John Ruskin.
A. VÉRA. Essai de philosophie hégélienne.
BEAUSSIRE. Antécédents de l'Hégélianisme dans la philosophie française.
BOST. Le Protestantisme libéral.
FRANCISQUE BOUILLIER. Du Plaisir et de la Douleur.
ED. AUBER. Philosophie de la médecine.
LEBLAIS. Matérialisme et Spiritualisme, précédé d'une préface par M. E. LITTRÉ (de l'Institut).
AD. GARNIER. De la morale dans l'antiquité, précédé d'une introduction par M. PRÉVOST-PARADOL (de l'Académie française).
SCHŒBEL. Philosophie de la raison pure.
BEAUQUIER. Philosophie de la musique.
TISSANDIER. Du Spiritisme et des Sciences occultes.

Ouvrages à paraître.

AUGUSTE LAUGEL. Les Problèmes de la vie.
— Les Problèmes de l'âme.
CHALLEMEL-LACOUR. La Philosophie pessimiste.
LOUIS GRANDEAU. La Science moderne et le Spiritualisme.
AD. FRANCK. Philosophie du droit civil.
BUCHNER. Science et Nature. 2 vol.
J. MOLESCHOTT. La Circulation de la vie. 2 vol.
S. DE LUCA. La Philosophie chimique depuis Lavoisier.
JULES BARNI. De la morale dans la démocratie.
JOLY. L'Homme fossile.
BAUDRILLART. Philosophie de l'économie politique.
CHARLES DE RÉMUSAT. La Philosophie écossaise.
DE SUCKAU. Étude sur Schopenhauer.

BIBLIOTHÈQUE

D'HISTOIRE CONTEMPORAINE

Volumes in-18 à 3 fr. 50

Volumes parus.

CARLYLE. Histoire de la Révolution française, traduite de l'anglais par M. Élias Regnault. Tome 1er : LA BASTILLE.

VICTOR MEUNIER. Science et Démocratie.

JULES BARNI. Histoire des idées morales et politiques en France au XVIIIe siècle. Première partie.

AUGUSTE LAUGEL. Les États-Unis pendant la guerre 1861-1865.

Volumes à paraître.

CARLYLE. Histoire de la Révolution française; tome II : LA CONSTITUTION; et tome III : LA GUILLOTINE.

JULES BARNI. Histoire des idées morales et politiques en France au XVIIIe siècle (seconde partie).

ALFRED ASSOLANT. Histoire de Napoléon Ier, 1 vol.

CHALLEMEL LACOUR. Histoire de Louis-Philippe, 1 vol.

DE ROCHAU. Histoire de France depuis 1814 jusqu'en 1848, traduite de l'allemand par M. Rosenwald. 1 vol.

FRÉDÉRIC MORIN. Les Historiens du XIXe siècle. 1 vol.

EUGÈNE DESPOIS. Le Vandalisme révolutionnaire. 1 vol.

EUG. YUNG. La Révolution italienne. 1 vol.

TROISIÈME ANNÉE. — 1866.

REVUE
DES
COURS LITTÉRAIRES
DE LA FRANCE ET DE L'ÉTRANGER.

Reproduisant les principales leçons et conférences faites à Paris, en province et à l'étranger, dans les chaires de l'Etat et dans les cours libres, par MM. Franck, Alfred Maury, Ernest Havet, Ch. Lévêque, Paulin Pâris, de Loménie, Philarète Chasles, Michel Bréal, Martha, Patin, Janet, Egger, Berger, Saint-René Taillandier, Mézières, Geffroy, Caro, Wallon, l'abbé Gratry, l'abbé Freppel, Taine, Heuzey, Beulé, de Valroger, Guillaume Lejean, Jules Simon, J. J. Weiss, etc., etc.

Elle publie intégralement le cours de M. Ed. Laboulaye.

REVUE
DES
COURS SCIENTIFIQUES
DE LA FRANCE ET DE L'ÉTRANGER

Reproduisant les cours faits dans les facultés et dans les établissements libres par MM. Claude Bernard, Berthelot, Chatin, Riche, Robin, Coste, Becquerel, Vulpian, Serre, Lacaze-Duthiers, et des leçons de MM. Milne Edwards, Boutan, Payen, Pasteur, Troost, Bouchardat, Jamin, Bouchut, Liebig, Moleschott, Palmieri, Remak, de Luca, etc., etc.

Ces deux journaux paraissent le samedi de chaque semaine par livraisons de 32 à 40 colonnes in-4°.

PRIX DE CHAQUE JOURNAL ISOLÉMENT.

	Six mois.	Un an.
Paris................	8 fr.	15 fr.
Départements......	10	18
Étranger...........	12	20

PRIX DES DEUX JOURNAUX RÉUNIS.

Paris.............	15 fr.	26 fr.
Départements......	18	30
Étranger...........	20	35

L'abonnement part du 1er décembre et du 1er juin de chaque année.

Paris. — Imprimerie de E. MARTINET, rue Mignon, 2

www.ingramcontent.com/pod-product-compliance
Lightning Source LLC
Chambersburg PA
CBHW051909160426
43198CB00012B/1815